Die sanfte Gymnastik

Mosche Paul Oppenheimer

DIE SANFTE GYMNASTIK

EIN KONZEPT ZUR GANZHEITLICHEN AUSBILDUNG DER PERSÖNLICHKEIT

EINZELÜBUNGEN

Pawlak

Lizensausgabe 1992 für
Manfred Pawlak Verlagsgesellschaft mbH, Herrsching

Lektorat: Esther Schmid, Zürich
Graphisches Konzept: Roland Bürgi, Oberglatt bei Zürich
Schutzumschlag: Heinz von Arx, Zürich
Printed in Italy
ISBN 3-88199-943-4

INHALTSVERZEICHNIS

VORWORT

Zwei Gründe haben mich veranlaßt, eine Anzahl meiner Übungsstunden schriftlich festzuhalten. Zum einen entspreche ich damit einem Wunsch meiner Schüler und Schülerinnen, ihnen und weiteren interessierten Fachkreisen einen Leitfaden auszuarbeiten, anhand dessen meine Dehnlehre je nach Ziel und Bedürfnis individuell variiert und ausgebaut werden kann. Zum anderen stelle ich fest, daß wir zwar mit Fachliteratur zu Gymnastik, Bewegung, Körpertraining, Selbsterfahrung und ähnlichen Themen wahrlich überschwemmt werden, der Laie aber letztlich häufig enttäuscht bleibt. Denn oft handelt es sich um Anleitungen zu den gleichen Übungen, die lediglich neu aufgemacht oder anders beleuchtet sind, oder dann verliert sich der übungswillige Laie in endlosen Theorien, weil ausreichende praktische Anleitungen fehlen.

In erster Linie ist dieses Buch daher eine klare, ausführliche Beschreibung von Gymnastiklektionen, wie ich sie in praktischer Arbeit entwickelt habe. Wenn ich dem Übungsteil des Buches gleichwohl einige allgemeine theoretische Überlegungen voranstelle, so deshalb, weil ich ein tieferes Verständnis des körperlich-seelischen Geschehens als hilfreich und motivierend beim praktischen Üben erachte. Der theoretische Teil ist jedoch nicht Bedingung. Es kann auch voller Elan gleich zu den Übungen weitergeblättert werden.

Körperarbeit mit einer Gruppe von Menschen ist immer ganz anders und neu: Keine Lektion gleicht der andern, geschweige denn ein Mensch dem anderen. Deshalb beschreibe ich Übungs*strukturen,* die modulationsfähig sind und je nach persönlichen Fähigkeiten begrenzt, erweitert, vertieft oder ausgebaut werden können.

Ich möchte meine Schüler und Schülerinnen aus ihrer Erstarrung und Verkrampfung befreien, sie mehr und mehr öffnen und in Fluß bringen, sie anleiten, sich selbst und ihre Umwelt bedingungslos zu lieben. Oft fragen sie mich: »Was machen Sie eigentlich mit uns? Yoga, Feldenkrais, Ballett, Organgymnastik?« Und meine Antwort lautet: Ja, all dies, und all dies nicht. Ich arbeite am Atem, an rhythmischen Bewegungsabläufen, an Bewegungskoordinationen, am Bewußtwerden, an Geschmeidigkeit und Kraft, an Anmut und Ausdruck, an Beweglichkeit und Haltung, an ganzheitlichen Bewegungen und am Finden der Mitte; kurz: an körperlicher und seelischer Ausgewogenheit und der lebensnotwendigen Selbstsicherheit. Das Ergebnis ist ein gesunder Mensch, der sich und seiner Umwelt gegenüber gerecht wird.

Meine Gymnastik entwickelte sich organisch im Laufe meiner über 30jährigen Arbeit als Krankengymnast, Heilmasseur, Atem- und Bewegungspädagoge. Mit großer Ehrfurcht und tiefem Dank möchte ich die Lehrer, Lehrerinnen und Schulen erwähnen, die mich grundsätzlich beeinflußt und in mir die schöpferischen Kräfte geweckt haben: Atemlehrer Dr. Julius Schmitt, München; Moshe Feldenkrais, Tel Aviv; Dore Jakobs; K. Graf Dürckheim; Organgymnastik der Medau-Schule nach Jutta Holler von der Trenck; Alexander-Technik; modernes Ballett und Hatha Yoga.

TEIL I: EINFÜHRUNG

Für wen eignet sich die sanfte Gymnastik?

In den meisten europäischen Staaten besteht ein überaus differenziertes Angebot an Kursen im Bereich »körperliche Ertüchtigung« und Fitneß. Für die Mädchen stehen Rhythmik, Ballett und Tanz offen. Den Knaben werden Geräte- und Freiturnen, Fußball und andere Sportspielarten angeboten. Frauen können die verschiedensten Gymnastikformen betreiben, die aber nur für sie, nicht für Männer bestimmt sind. Für die letzteren bleiben sportliche Betätigungen, Krafttraining etc. Die meisten Angebote sind geschlechtergetrennt. Es wird aber noch weiter nach Altersunterschieden aufgespaltet. Da gibt es gesonderte Gymnastik für junge Frauen, für ältere Frauen, für Senioren, für Mütter mit Kindern etc. Doch warum diese Aufsplitterung nach Alter und Geschlecht? Die Antwort ist unter anderem in unserer materialistischen Einstellung zum Körper zu finden: Wir betrachten den Körper als Materie, die bei Mann und Frau unterschiedlich ist und verschiedene Zwecke erfüllen soll. Der Körper der Frau soll anmutig sein und Sex-Appeal ausstrahlen. Daher ist Ballett, Tanz und Gymnastik für sie vorgesehen. Der Mann soll Kraft und Durchsetzungsfähigkeit entwickeln, daher soll er sich mit Turn- und Sportarten beschäftigen, die seine Ausdauer und seine Muskeln stärken. Eng verbunden mit der materialistischen Einstellung ist der Drang nach Leistung und Konkurrenz. Da der biologische Unterschied zwischen Mann und Frau, Jung und Alt keinen ebenbürtigen Konkurrenzkampf ermöglicht, werden unterschiedliche Kurse, Gruppen und Fächer für Knaben, Mädchen, Frauen, Männer, Junge und Alte angeboten.

In krassem Gegensatz dazu stehen die traditionellen fernöstlichen »Gymnastikformen«: Das indische Hatha Yoga kennt keine Trennung von Mann und Frau oder Alt und Jung; die Chinesen praktizieren in Massen unter freiem Himmel ihr Tai-Chi, und zwar alle Altersstufen und beide Geschlechter gemeinsam. Das gleiche gilt für die Japaner, wo ebenfalls alle – unabhängig von Geschlecht und Alter – Aufnahme in die traditionellen Körpertrainingssysteme finden. Jeder und jede machen, was sie können. Da ist der Körper nicht einfach Funktionsträger, sondern integraler Teil des Menschseins. Jede Bewegung oder Haltung strahlt eine innere Beteiligung und Bewußtheit aus, die niemals nur Teile, sondern den ganzen Körper einbezieht und die Anmut größter Lebendigkeit und Wachsamkeit ausdrückt.

Ähnliches gilt für meine sanfte Gymnastik. Die Gruppen umfassen beide Geschlechter, Kinder und Erwachsene. Das gemeinsame Üben von Erwachsenen und Kindern stärkt das Zusammengehörigkeitsgefühl der Generationen, das bei uns in besorgniserregendem Zerfall begriffen ist. Alte und Junge, Trainierte und Untrainierte arbeiten nach ihrem persönlichen Rhythmus und Können, ohne Wetteifer oder Nachahmung. Diese Fähigkeit, ohne Nachahmung und Wetteifer zu üben, gilt es zu fördern. Doch etwas Bereitschaft und Geduld braucht es schon, bis Du Deinen Rhythmus und Dein Können entdeckst und beurteilen lernst.

Was bewirkt die sanfte Gymnastik?

Das breite Spektrum an Bewegungen und Haltungen, das wir als Säuglinge und Kinder voll ausschöpften und mit Freuden genossen haben, wird im Laufe der Entwicklung zum Erwachsenen immer begrenzter und reduziert sich auf wiederholte, routine- und gewohnheitsmäßige Bewegungsabläufe, die einzig und allein von der Notwendigkeit des Alltags bestimmt werden. Unsere technisierte Welt hat zudem die Notwendigkeit zur Bewegung im Alltag auf ein Minimum beschränkt und wird es in Zukunft noch mehr tun. Es ist soweit gekommen, daß wir ungewohnte Haltungen und Bewegungen als Last und Anstrengung empfinden. Eine solche einseitige, bewegungsarme Lebensweise zeitigt Folgen: Der vernachlässigte Körper verkrampft sich, ist verspannt und altert frühzeitig. Aber es sind nicht nur die körperlichen Auswirkungen, die uns das Leben erschweren; nein, wir werden unbeweglich und unflexibel an Körper *und* Seele.

Die sanfte Gymnastik ist eine seit vielen Jahren erprobte Körperschulung, die die oben erwähnte degenerative Entwicklung aufhalten und in großem Maße wieder rückgängig machen kann. Die Natur, und damit auch unser Körper, hat eine schier unglaubliche Fähigkeit zur Regeneration. Dies insbesondere, wenn dieser natürliche Prozeß von einer ihm förderlichen Lebensweise unterstützt wird.

Meine sanfte Gymnastik umfaßt nicht eine bestimmte Anzahl »Wunderübungen«, die regelmäßig wiederholt werden sollen. Solche Übungen können unter Umständen Gelenke, Muskeln, Kreislauf etc. fit machen; aber sie werden Dich nicht aufrichten, öffnen, bereichern und verjüngen.

Was ich mit der sanften Gymnastik verfolge, ist vielmehr, einerseits die Beweglichkeit möglichst zu erhöhen und das Bewegungsspektrum zu erweitern, und zwar im Rahmen der persönlichen Konstitution; andererseits die Spannkraft zu stärken und zu regulieren. Spannkraft benötigen wir in erster Linie bei unserer Auseinandersetzung mit der Schwerkraft und den durch sie bedingten Haltungen, aber auch für die Ertüchtigung und die Funktionsfähigkeit sämtlicher Organe. In der praktischen Arbeit am Körper geht es mir darum, daß Du Dich mit unzähligen Bewegungsmöglichkeiten auseinandersetzt und immer wieder neue Wege und Verbindungen entdeckst. Das hält jung und beweglich!

In den einzelnen Lektionen werden, von kleinen, einfachen Bewegungen ausgehend, komplexe, ganzheitliche Bewegungsabläufe aufgebaut. Da unser Körper ein integraler Teil unseres Selbst ist, solltest Du, auch bei den kleinsten Bewegungen, ganz bewußt präsent sein. Mit anderen Worten: Mit der Arbeit am Körper arbeiten wir auch am Denken und Fühlen. Parallel zur körperlichen Beweglichkeit entwickelt sich auch der seelische und geistige Bereich.

Die Gewohnheit des neuzeitlichen Menschen, zu spezifizieren, zu separieren, Ganzes in seine Teile zu zerlegen, zeigt sich unter anderem sehr deutlich in

unserer Beziehung zum Körper und wie wir uns seiner bedienen. So sind die Bewegungen der Extremitäten, um ein Beispiel zu nennen, oft losgelöst vom restlichen Körper; das heißt, sie haben keinen Bezug zum Körperganzen. Auch unser Gehen ist kein ausdrucksvolles, elastisches, den ganzen Körper einbeziehendes Fortbewegen, sondern eher ein schwerfälliges Vorwärtsschieben, dem die Beine gehorchen. Auf diesem Hintergrund basiert meine Aufforderung, daß Du selbst bei der kleinsten Bewegung bewußt präsent sein sollst. Nur so kannst Du die Verbindung zum Ganzen wieder herstellen, d.h. spüren, wie benachbarte und fernere Körperteile an der Bewegung beteiligt sind.
Du wirst feststellen, wie die Arbeit an der Elastizität eines bestimmten Körperteils weit über diesen Bereich hinaus mehr Elastizität bewirkt. Du wirst erleben, wie der Teil vom Ganzen und das Ganze vom Teil abhängig ist, so wie auch unser seelisch-sinnliches Leben eng mit unserem Körperempfinden verbunden ist.

Die Konzentration

Bei den meisten Übungen fordere ich meine Schüler auf, mit geschlossenen Augen zu arbeiten, damit sie sich selbst besser spüren, Bewegungsbahnen leichter kontrollieren und die Reaktionen an Atmung, Gewebe und Muskeln bewußter erfahren können. Denn die sanfte Gymnastik erfordert Konzentration. Doch was heißt Konzentration? Es wird in der modernen Gymnastik oft von Ganzheit, vom Finden der Mitte, des Zentrums, gesprochen, und Begriffe wie Zentralisierung tauchen auf. Kon-zentration meint eben dies: »Kon« bedeutet »zusammen«, und »zentration« bedeutet »zu einer Mitte führen«.

Bei unserer Arbeit wollen wir Gegensätze verbinden, wollen Harmonie, Eintracht und Friede in uns schaffen. Unbewußtes soll bewußt werden. Das bedeutet und verlangt Konzentration. Mit offenen Augen sind die meisten Menschen zu abgelenkt, um das notwendige konzentrative Stadium zu erreichen. Unser Sehen ist kein natürliches Sehen mehr. Unsere Augen sind zu unruhig, vergeuden unnötige Kraft und bleiben am »Außen« hängen. Du wirst Dich wundern, wie schwer es anfänglich fällt, mit geschlossenen Augen zu üben. Gewöhne Dich jedoch geduldig daran. Versuche auf Entdeckungsreisen in Dein äußeres und inneres Bewegungsleben zu gehen, selbst wenn Dir die Bewegungssprache anfangs noch fremd ist und vieles nicht so gelingt, wie Du es eigentlich möchtest. Nur so wirst Du Deine »Teile« wieder zu einem einheitlichen Gefüge verbinden und den Erfolg Deiner Bemühungen schätzen lernen. Du vervollkommnest nicht nur Bewegung und Haltung, sondern Du entwickelst Dich als ganzer Mensch, Dein Tun, Fühlen, Denken und Wollen, die Art, wie Du Dir selbst und Deiner Umwelt gegenüberstehst. Du erfährst durch die Körperarbeit eine Ausdehnung und Erweiterung Deines Menschseins, mehr Weitblick und Überblick, mehr Sicherheit und Geschmeidigkeit. Du wirst fähiger zu lieben und geliebt zu werden.

Der harmonische Rhythmus

Die sanfte Gymnastik arbeitet mit dem Wiederholen von gleichen, ähnlichen, kleinsten und langsam größer werdenden Bewegungen, bis diese ineinandergreifen und den ganzen Körper spielend mit einbeziehen. Die Lektionen beinhalten einen rhythmischen Wechsel von Anspannung und Entspannung in verschiedensten Formen und Gestalten. Du findest im Laufe des Übens Deinen natürlichen, Dir entsprechenden Rhythmus, in dem Du einerseits gespeicherte Energie freisetzen kannst, andererseits Ruhe findest, um Kräfte zu sammeln.

Ähnliches geschieht mit dem Atem. Indem Du die Bewegungen regelmäßig mit dem Atem begleitest und der Atem von Dir bewußt erforscht und wahrgenommen wird, öffnen sich bisher vernachlässigte Atemräume. Ich werde auf die Atmung noch näher eingehen. Das Prinzip des harmonischen Rhythmus durchdringt Dein ganzes Selbst und führt über die Ökonomisierung der Lebensenergie zu allgemeinem Wohlbefinden.

Ökonomisierung der Kräfte statt Kraftvergeudung

Wir haben es verlernt, mit unseren Kräften haushälterisch umzugehen. Wir sind gewohnt, uns bei allem, was wir tun, anstrengen zu müssen. Die Meinung ist, jede körperliche Tätigkeit benötige viel Kraft, folglich müssen wir, um den Körper fit zu halten und ihn zu schulen, möglichst anspruchsvolle Kraftübungen vollbringen. Ich beobachte bei meinen Schülern, wie sie sich bei den kleinsten, federleichten Bewegungen unnötig anstrengen, wie sie mit Willenskraft arbeiten. Genauso machen sie alles in ihrem täglichen Leben; ob es im Beruf, in der Freizeit oder im Liebesleben ist.

Mit der sanften Gymnastik lernst Du im Laufe der Zeit, auf die Vernunft Deines Körpers zu horchen, die Dir das Maß der notwendigen Kraft diktiert, vom spielenden Geschehenlassen bis zur Mobilisierung aller Dir zur Verfügung stehenden Kräfte. Das ist freudvolles Lernen durch Selbsterfahrung, wo Kraft nicht mit Anstrengung gleichgestellt wird, sondern Dir eine Kraftquelle offenbart, die in Deiner Mitte liegt, vom Atem getragen und genährt, sich unentwegt erneuernd. Wenn Du die gleiche angemessene Aktivität, die beim Spielen mit einem Luftballon vonnöten ist, auch beim Tragen und Aufheben eines Kleinkindes zur Schau trägst, dann bist Du auf dem richtigen Weg.

Der Atem

Wer auch immer Wege zur Verbesserung von Bewegung, Haltung und Gesundheit sucht und sich darin üben möchte, kann unmöglich die zentrale Bedeutung der Atmung außer acht lassen. Eine Gymnastik ohne Miteinbezug der Atmung bleibt auf der Stufe rein mechanischen Vorgehens.

Kein Geschehen der physischen und psychischen Lebensvorgänge ist so komplex wie die Atmung. Die äußere Atmung sorgt für die oberen Luftwege, und über die Bronchien erfolgt der Luftaustausch in den Lungen. Beim Einatmen gelangt Sauerstoff über die Lungenbläschen ins Blut, das gleichzeitig Kohlendioxid in die Lungen abgibt. Die Luft, die wir ausatmen, ist stark kohlendioxidhaltig. Als innere oder Zellatmung bezeichnen wir den chemisch hochkomplizierten Austausch des Blutsauerstoffs gegen das Kohlendioxid, das bei der Lebenstätigkeit der Zellen als Stoffwechselprodukt entsteht. Da keine Zelle ohne Sauerstoff leben kann und sie nach kurzer Zeit an ihren Stoffwechselprodukten eingehen würde, sind sowohl die innere als auch die äußere Atmung lebenswichtig. Der Sauerstoff- bzw. Kohlendioxidgehalt des Blutes wird vom Atemzentrum im Stammhirn überwacht. Sobald der Kohlendioxidgehalt des Blutes einen bestimmten Wert überschreitet, veranlaßt das Atemzentrum eine verstärkte Aktivität der Atemmuskulatur. Da die vielseitigen und lebenswichtigen Funktionen des Stammhirns dem Willen nicht zugänglich sind, erfolgt bei Übersättigung des Blutes mit Kohlendioxid das Einatmen reflexartig. Bei der Muskulatur von Brustkorb und Zwerchfell verfügen wir im Normalfall jedoch über eine Kontrolle durch den bewußten Willen. Stärkere Atmung ist also auch willentlich möglich, wenn im Blutkreislauf kein erhöhter Bedarf an Sauerstoff besteht. Die Lunge füllt zusammen mit dem Herzen den ganzen Brustkorb. Dieser ist nach unten durch das Zwerchfell verschlossen, das wie ein Segel quer durch unsere Körpermitte gespannt ist. Durch seine Auf- und Niederbewegung beim Atmen entsteht in den beiden großen Körperhöhlen des Brust- und des Bauchraumes abwechselnd Sog und Druck. Dadurch geschieht bei jedem Atemzug eine Innenbewegung, die nicht nur die Blut- und die Lymphströmung unterstützt, sondern auch die Organe des Brust- und des Bauchraumes bewegt und belebt.

Die Atmung ist also sowohl vegetativer wie auch willentlich gesteuerter Vorgang. Insofern nimmt sie eine Mittelstellung zwischen Körper und Seele ein und fungiert als entscheidendes Bindeglied zwischen beiden. Das Zwerchfell trennt unseren Körper in zwei Teile; in ein Oben, das unser »Ich« repräsentiert, und ein Unten, das das Vegetativ-Instinktive, das sogenannte »Es«, verkörpert. Mittels seiner ununterbrochenen rhythmischen Auf- und Abbewegung bewirkt das Zwerchfell jedoch ein Strömen zwischen beiden Polen »Ich« und »Es«, strebt nach Ausgleich, Integration, Ganzheit unseres Selbst. So schwingen wir mit unserer Atmung unaufhaltsam um unsere eigene Mitte. Diese Schwingung ist unser Atemrhythmus, der naturgemäße rhythmische Wechsel von Einatmung, Ausatmung, Atempause. Das Fließen und das Verhältnis der drei Phasen zueinander ist individuell sehr verschieden.

Eines ist sicher: Wir schenken unserer Atmung zu wenig Aufmerksamkeit und haben unseren eigenen natürlichen Atemrhythmus verloren. Wir atmen flach, d.h., wir lassen den Atem nur in die oberen begrenzten Körperregionen strömen, anstatt uns ihm voll zu öffnen, damit die Atemdruckwelle unser Inneres von oben bis unten erfüllt, bewegt und belebt. Atembewegung ist immer auch Rumpfinnenbewegung. Ausgelöst durch das Heben und Senken des Zwerchfells, pflanzt sich die Atemdruckwelle bis in die Beckendekke, in den Beckenboden, in die rückwärtigen Lendenpartien und bis oben an die Schlüsselbeine fort. Der Geübte kann ihr bis an seine Körpergrenzen nachspüren.

Bewegung und Atmung gehen eng verknüpft und gemeinsam ihren Weg, wenn wir sie ihrem natürlichen, selbständigen Rhythmus überlassen. Jede Haltung, Stellung oder Lage des Körpers verlangt eine unterschiedliche Atmung, und der Atem dringt in die gedehnten oder geöffneten Körperräume, wenn Du es zuläßt und ihn wohlwollend aufnimmst. Mit einem frei in seiner Wechselhaftigkeit pulsierenden Atem, der nicht nur quantitativ, sondern primär qualitativ gewertet wird, erlangst Du bisher ungekannte Vitalität und innere Öffnung.

Sei nicht enttäuscht, wenn ich Dir kein Rezept geben kann, wie Du atmen sollst. Das gibt es nicht. Du bist kein Computer, der sich programmieren läßt. Versuche geduldig während der Bewegungen und in den Endpositionen Deinem Atem Aufmerksamkeit zu schenken, ihn ganz ruhig aus eigenem Impuls wachsen zu lassen und mit ihm zu wachsen.

Mit den Bewegungen erreichen wir u.a. Lösung und Elastizität des Körpers mit gleichzeitiger Rhythmisierung der Atmung. Das ist die Voraussetzung, damit wir unsere Kraft entfalten und die Energieströme freilegen können. Achte darauf, nur durch die Nase zu atmen; unter gewissen Umständen kannst Du aber auch durch den Mund ausatmen.

Die Endpositionen lösen durch die Dehnung und den benötigten Kraftaufwand starke Impulse auf das Atemzentrum aus, so daß sie von tiefer, ausgiebiger Atmung begleitet sind. Bleib in den Endpositionen trotz des Kraftaufwandes und der Dehnung ganz gelassen; das heißt, arbeite nicht mit dem Willen, sondern versuche, die Dir zur Verfügung stehenden inneren Energiequellen strömen zu lassen und der Atemwelle keinerlei Widerstand zu leisten.

Aber nicht nur Bewegungen und die Endpositionen, auch die Pausen haben ihre enge Beziehung zur Atmung. Hier kommt es zur reaktiven Nachatmung in der gelösten Ruhe, während der Du die von der Atmung ausgelöste Innenbewegung bewußt wahrnehmen kannst. Je entspannter Du ruhst, desto reger entfaltet sich die Innenbewegung. Es liegt an Dir, dieses Durchströmen der Atemwelle wahrzunehmen und zu genießen und in eine meditative Tiefenentspannung zu versinken.

Einige Begriffserläuterungen

Lektion
Wenn ich von einer Lektion spreche, meine ich nicht eine Zeiteinheit von 45 oder 60 Minuten. Du kannst eine Lektion in einer halben Stunde durchlaufen oder dafür eine bis zwei Stunden aufwenden. Das hängt von Dir und Deinem Bedürfnis ab. Je nachdem bleibst Du mehr an der Oberfläche oder dringst in tiefere Schichten vor.

Arbeit
Das Wort »Arbeit« hat für viele einen schlechten Beigeschmack, weil es Assoziationen wie Anstrengung und Mühe hervorruft. Im englischen Sprachgebrauch haben die Wörter »work« und »workshop« eine sehr positive, weit gespannte Bedeutung, und in eben diesem Sinne solltest Du meinen Begriff »Arbeit« verstehen.

Wiederholung und Dauer
Die Anzahl der Bewegungen oder die Haltezeit der Endpositionen, die ich vorschlage, sind ebenfalls individuell variierbar. So wie das Atmungs- und Bewegungsziel und das Finden Deines eigenen Rhythmus, so hängt auch die Anzahl und das Zeitmaß der Übungen von Deiner persönlichen Konstitution ab. Je mehr Dein Selbst wächst, desto öfter kannst Du die gleiche Bewegung spielend ausführen und desto länger kraftvoll und gelöst in einer Position verbleiben. Es sollten niemals objektive Grenzen wie Alter, Gesundheitszustand und Körperkonstitution außer acht gelassen werden. Da aber vor allem Anfänger konkrete Anleitung benötigen, habe ich zahlenmäßige Vorgaben gemacht, die jedoch eher ein Minimum als ein Optimum sind. Mit 5 Sekunden beim Halten der Endposition ist das Zeitmaß von 3 bis 5 tiefen Atemzügen gemeint.

Pausen
Es werden drei verschiedene Pausen empfohlen, die aber ebenfalls nicht bindend sind.
Kurzpause: Kurze Bewegungsunterbrechung, meist in der momentanen Position, als Vorbereitung und Übergang zur folgenden Bewegung.
Pause: Bewegungsunterbrechung und Nachatmung in einer Ruheposition. Dauer nach persönlichem Bedürfnis.
Langpause: Ausgedehnte, entspannende Ruhe nach Auflösung der Bewegungs- oder Halteposition in der persönlich bevorzugten Ruheposition, falls nichts anderes ausdrücklich erwähnt ist. Sie ist integraler und höchst wertvoller Bestandteil der Übungen: Sie bietet uns die Möglichkeit, Innenbewegung, Atemqualität, Gewebetonus, Verbindung von Körper und Körperteilen mit Boden und Raum sowie Empfindungsvergleichen zwischen Körperseiten und -partien besondere Aufmerksamkeit zu schenken. Am Ende der Lektion sollte die Pause recht ausgedehnt sein, um eine meditative, allumfassende Tiefenentspannung zu ermöglichen.

Positionen
Es werden drei verschiedene Positionen erwähnt:
Ausgangsposition: Aus dieser Stellung heraus beginnen wir mit der Bewegung. Ist sie nicht explizit erwähnt, starten wir aus derselben Position wie in der vorhergehenden Übung. Ist sie mit einer Nummer versehen, handelt

es sich um die Position der entsprechenden Übung.
Endposition: Das ist die Position, in der die Bewegung ihren Höhepunkt erreicht. Konzentriere Dich ganz auf Dich und Deinen Körper. Genieße diese Position gelöst, voll innerer Ruhe, und atme ganz frei.
Ruheposition: Das ist die Stellung, in der Du nach Angabe oder freier Wahl während der Pausen und der Langpausen, vor und nach der Stunde ausruhst. Als Ruhepositionen eignen sich die folgenden Positionen:

Entspannte Bauchlage

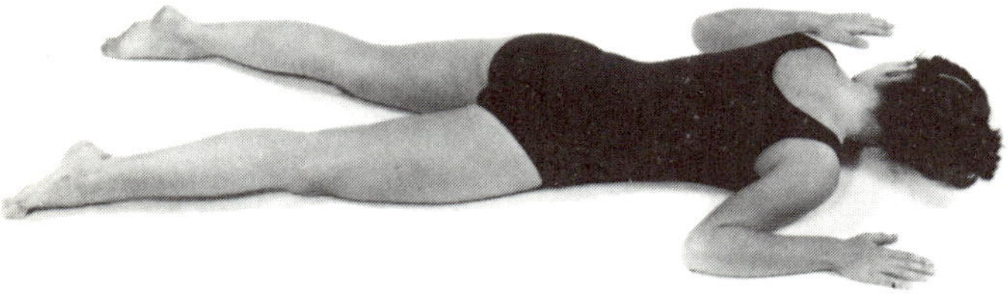

Entspannte Rückenlage

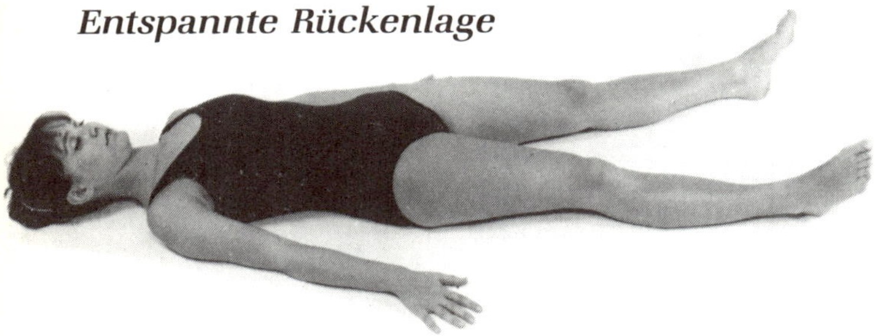

Entspannte Seitenlage

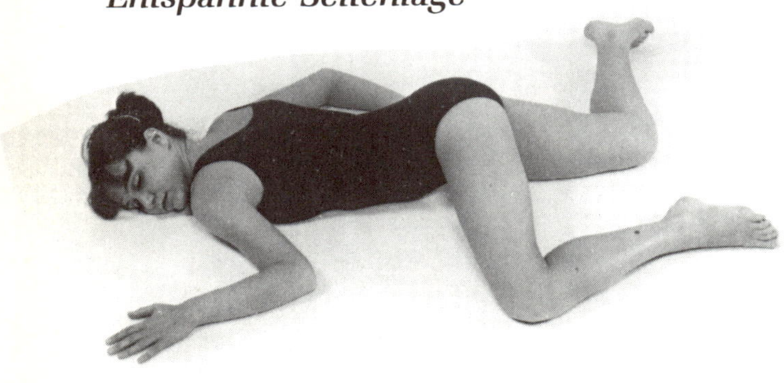

Kauerstellung

Orientsitz

Entspannte Rückenlage mit Schütteln der Beine am Boden oder in der Luft.

Fersensitz

Schneidersitz

Sitzrolle

Die angewinkelten Knie und der Kopf werden gleichzeitig in Gegenrichtung seitwärts bewegt.

Ruherolle

Rückenrolle vor und zurück mit locker gestreckten Beinen.

Praktische Hinweise

Der Raum soll gut gelüftet, jedoch angenehm temperiert sein. Wähle eine leichte Kleidung, die Dich nicht behindert. Eine nicht zu weiche Bodenunterlage wird bei den Bodenübungen oft als angenehm empfunden. Menschen mit empfindlicher Kopf- und Nackenregion benötigen eventuell eine Kopfunterlage. Achte jedoch auf festen Bodenkontakt der Füße.
Eine leise, beruhigende Hintergrundmusik läßt sich ohne weiteres mit den meisten Übungsstunden vereinen.
Zur Einleitung, Anregung und Körpererwärmung können einige Gymnastikübungen, aber auch ein Ballspiel, Laufen, Jazz oder Aerobic gemacht werden.

Vor Beginn der nachstehenden Lektionen ist die entspannte Ruhelage auf dem Rücken für einige Minuten Pflicht.

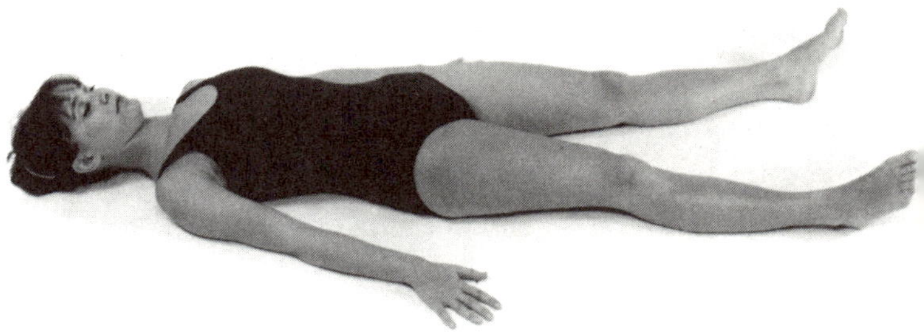

Nutze diese Zeit zur inneren Sammlung, überprüfe den Körper-Boden-Kontakt, Deine Atmung und Haltung. Die Stunde soll auch wieder mit der entspannten Ruhelage auf dem Rücken oder mit der entspannten Seitenlage abgeschlossen werden, um nach dem Üben eine meditative Ganzentspannung zu erreichen und den Unterschied von Atmungsqualität und Körper-Boden-Kontakt vor und nach der Stunde bewußt wahrzunehmen. Hier einige Punkte, denen Du in der Ruheposition vor und nach dem Üben Aufmerksamkeit schenken solltest:

- Liegen meine Arme leicht vom Körper abgewinkelt?
- Liegen meine Hände so flach am Boden, daß das Zentrum der Handfläche den Boden berührt?
- Sind meine Beine leicht gegrätscht? Liegen die Füße in ausgeglichener Mittelstellung am Boden, so daß die Zehen zur Decke zeigen?
- Haben meine Knie Bodenkontakt, ohne daß sie durchgespannt sind?
- Liegen die Lendenwirbel am Boden?
- Liegt der Brustkorb, das heißt der obere Rücken, breitflächig am Boden?

- Wie weit sind meine Schultern vom Boden entfernt?
- Ist mein Nacken langgestreckt oder gewölbt?
- Hängt mein Unterkiefer locker vom Oberkiefer gelöst?
- Ist meine Mundpartie gelöst und entspannt, und liegt meine Zunge weich am Unterkieferboden?
- Bedecken meine Lider die Augen, ohne sich zu bewegen?
- Sind meine Augen ruhig entspannt und schauen nach innen statt nach außen?
- Ziehe ich die Augenbrauen zusammen, und runzle ich die Stirn, oder ist mein Gesicht entspannt?
- Höre ich das Geräusch des Ein- und Ausatmens, wenn die Luft die Innenwände der Nase streift?
- Spüre ich die Pause des »Nichts« nach dem Abklingen der Ausatmung?
- Ist mein willentliches Ich bei der Atmung beteiligt, oder atmet es mit mir?
- Bin ich nun ganz offen und lasse den Atem bis in die Tiefe meines Seins, in alle Bereiche meines Körpers dringen?

TEIL II: ÜBUNGEN

Lektion 1

Ausgangsposition: Rückenlage. Die Beine liegen gestreckt und gespreizt: die Arme seitwärts in Schulterhöhe gestreckt, Handfläche zum Boden. Zu sich kommen und wahrnehmen!

1. Ziehe den rechten Fuß gegen das Gesäß, ohne im Knie zu forcieren, und laß die ganze Fußsohle am Boden. Führe nun das rechte Knie 8mal nach außen rechts in Richtung Boden. Achte darauf, daß das linke Bein im Knie gestreckt bleibt.

Konntest Du die Bewegung ohne Anstrengung ausführen? Hat das Knie den Boden erreicht? Wenn Dein Körper bei dieser Bewegung unbeteiligt bleibt, gelangt das Knie möglicherweise auch bei größter Anstrengung nicht zum Boden. Versuche mit Deinem Körper – z.B. mit einer seitlichen Beckenbewegung – diese Kniebewegung zu unterstützen, anstatt ihr Widerstand zu leisten. So wird das Bein mehr und mehr Teil des Ganzen, und Du kannst die Bewegung ohne Anstrengung ausführen und geschehen lassen.

Wiederhole also die Bewegung noch 10mal mit Hilfe spürbarer Seitbewegung von Becken und Lendenpartie. Bleib dabei gelöst bis zum Kopf und beobachte, nach welcher Seite sich der Kopf drehen möchte.

Kommt das Knie jetzt mit Leichtigkeit auf den Boden? Bleibe 5 Sekunden spürbar atmend in der Endposition, und ruhe Dich dann in der Ausgangsposition aus.

2. Wiederhole die Übung 1 5–10mal, während Du bewußt im ganzen Körper Bewegungsbereitschaft entwickelst. Gleichzeitig mit der Kniebewegung nach rechts außen dreht sich der Kopf am Boden nach links. Pause.

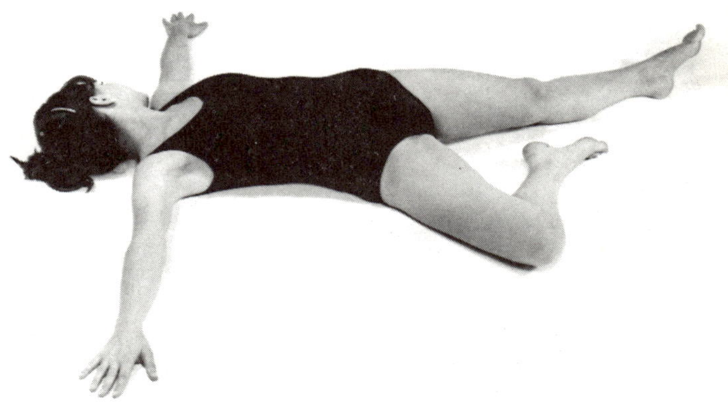

3. Wiederhole die Übung 2, wobei Du den gestreckten linken Arm gleichzeitig am Boden entlang möglichst bis zum Gesicht führst, 10mal. Bleibe danach 5 Sekunden in der Endposition, laß den Atem frei strömen und spüre ihm nach.

Achte darauf, daß Becken, Kopf und Arm gemeinsam mit dem Knie nach jeder Bewegung wieder in ihre Ruheposition zurückkehren. Pause.

4. Wiederhole die Übung 3 5mal, während Du gleichzeitig das rechte Knie, nachdem es am Boden angelangt ist, in Richtung des rechten gestreckten Ellbogens weiterbewegst.

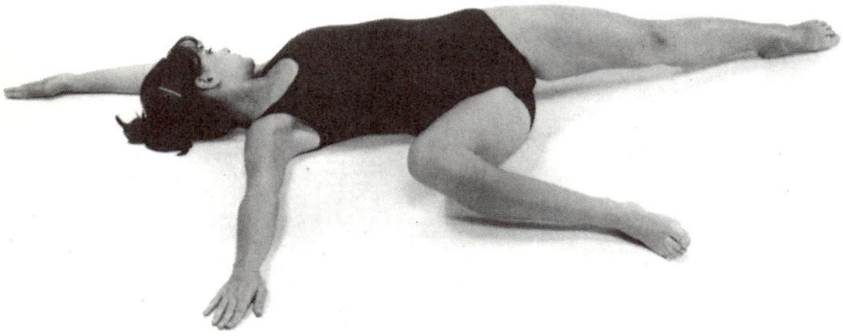

Keine Gewalt anwenden! Laß das linke Bein gestreckt an Ort. Bleibe 5 Sekunden in der Endposition, und spüre der Atmung in der erreichten Dehnposition bewußt nach. Pause.

5. Wiederhole die Übung 4 5mal, während Du gleichzeitig das rechte Knie kräftig durchstreckst, so daß sich der rechte Fuß der rechten Hand nähert. Bei jeder Bewegung ergreift die auf Schulterhöhe liegende Hand den Fuß oder das Bein kurz, um es bei der Rückbewegung wieder loszulassen.

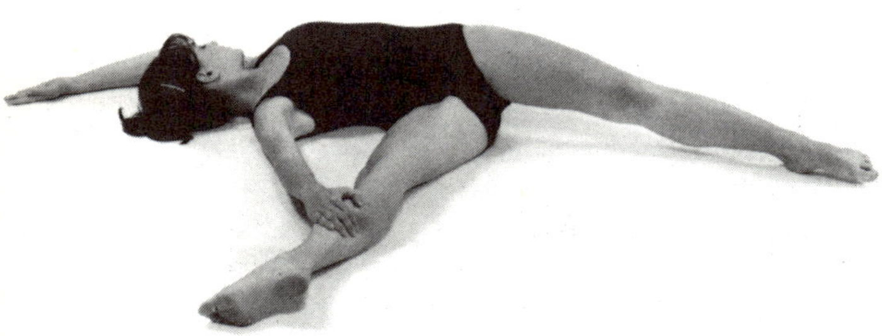

Überanstrenge Dich nicht! Der Treffpunkt zwischen Hand und Bein ist individuell sehr unterschiedlich. Bleibe 5–10 Sekunden in der Endposition, indem Du bewußt Deiner Atmung folgst und den erreichten Spannungsbogen erlebst. Sind während Übung 4 und 5 linkes Bein und linker Arm gestreckt geblieben?
Löse langsam die Endposition auf und ruhe in Rückenlage. Langpause. Spürst Du Änderungen und Unterschiede in Deinem Körper? Wenn Du jetzt die zuletzt erreichte Endposition zur linken, unerfahrenen Seite hin probierst, wirst Du einen enormen Unterschied zwischen Deinen beiden Körperseiten feststellen.

6. Führe nun die Übungen 1–5 spiegelbildlich nach links aus. Beende die Lektion mit einigen Ausgleichs- und Lockerungsbewegungen und anschließender meditativer Entspannung.

Lektion 2

Ausgangsposition: Seitenlage rechts. Achte während der ganzen Lektion darauf, daß sich Dein Rumpf nicht krümmt, sondern vom Steißbein bis zum Kopf eine gerade Linie bildet. Dies stärkt Dein Bewußtsein für eine gute Haltung. Arme und Beine liegen gestreckt nach vorn, und zwar im rechten Winkel zum Körper, die Arme in

Schulterhöhe, die Beine in Höhe des Hüftgelenkes. Handfläche liegt auf Handfläche, Fuß auf Fuß. Wenn Dir die Lage des Kopfes am Boden unangenehm ist, nimm eine weiche Unterlage. Vielleicht kannst Du im Laufe der Lektion darauf verzichten, wenn Wirbel und Gewebe in besserem Zustand sind.

1. Hebe den Kopf vom Boden, d.h., nähere 6mal das linke Ohr der linken Schulter. Drehe dabei aber nicht den Kopf. Kurzpause.
2. Neige den Kopf, so wie er auf der Unterlage liegt, 6mal langsam vor und zurück, ohne ihn hochzuheben. Kurzpause.
3. Rolle den Kopf um seine eigene Achse nach hinten und wieder zurück, 6mal ganz langsam und so weit als möglich. Beuge dabei nicht die Ellbogen, die Arme bleiben gestreckt. Wenn es die Kopfbewegung verlangt, laß die linke Hand flach vor- und zurückgleiten. Ruhepause in Rückenlage.

Arbeite mit geschlossenen Augen, und nimm das Ausmaß jeder der drei Bewegungen deutlich wahr.

4. Umfasse mit der linken Hand den Kopf, und zwar oberhalb des rechten Ohres, und hebe ihn hoch, so daß sich das linke Ohr der linken Schulter nähert. 6mal. Bleibe dann 3 Sekunden in der Endposition. Pause.

Hast Du den Kopf passiv von der Hand hochheben lassen? Ist er unverändert in Frontalposition geblieben, oder wurde er abgedreht? Stellst Du einen Unterschied zwischen der aktiven Kopfbewegung 1 und der passiven 4 fest?

5. Umfasse wieder mit der linken Hand den Kopf, und zwar von der Stirne her über den Scheitel, so daß die Fingerspitzen am Hinterkopf liegen. Neige mit der Hand den Kopf 6mal vor und zurück. Pause.

6. Lege die linke Hand über die Stirne, die Fingerspitzen an der rechten Schläfe. Rolle mit Hilfe der Hand den Kopf 6mal um seine Achse nach hinten.

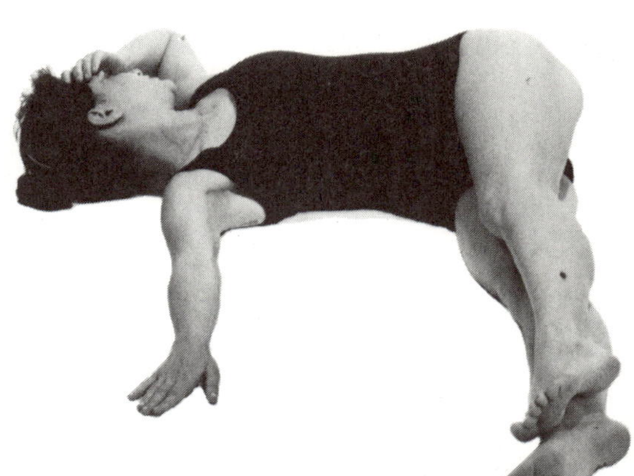

Arbeite mit Gefühl. Ein ziehender Schmerz in der verspannten Nackenmuskulatur ist auch bei den vorherigen Bewegungen ganz natürlich. Bleibe 3 Sekunden in der Endposition, ohne Widerstand und mit ruhiger Atmung. Langpause in Rückenlage: Versenke Dich bewußt in Deinen Körper. Spürst Du einen Unterschied zwischen Deinen beiden Körperseiten? Hat die Lösung der Nackenmuskeln Auswirkungen auf entferntere Körperteile?

7. Lege Dich nun auf die linke Seite, und wiederhole die Übungen 1–6 spiegelbildlich.
8. Ausgangsposition: Seitenlage rechts wie in Übung 1. Gleite mit der linken Hand 8mal gradlinig vor und zurück. Der Arm bleibt dabei gestreckt. Schulter, Kopf und Nacken folgen ganz locker und passiv der Handbewegung. So schiebt sich die Hand ohne Anstrengung weiter vor und zurück. Kurzpause.
9. Führe die gleiche Schiebebewegung 8mal mit dem linken Fuß aus. Lasse das Knie gestreckt und das Bein mit dem Körper verbunden. Die Hände bleiben fest aufeinander liegen, damit der Oberkörper fixiert ist.

Leiste in Lenden und Becken keinen Widerstand. Die aktive Bewegung des Fußes wird größer, wenn Du das Bekken locker mitgehen läßt. Ruhepause in Rückenlage.

10. Gleiche Ausgangsposition wie bisher. Hebe den gestreckten linken Arm 6mal gradlinig nach oben zur Decke. Schulter und Kopf gehen passiv mit. Mache die Bewegung noch 6mal, führe den Arm nun aber weiter nach hinten in Richtung Boden. Nach jeder Rückbewegung kehrt der Arm wieder in die Ausgangsposition zurück. Die Beine bleiben dabei fest aufeinander. Halte die Endposition 5 Sekunden. Pause.

Ist Dir die Übung ohne Anstrengung gelungen? Ist die Rückbewegung gradlinig über die Schulter verlaufen? Achte auf Deinen Atemrhythmus und die Belebung Deiner Körpermitte.

11. Hebe jetzt das gestreckte linke Bein 6–8mal gradlinig nach oben zur Decke, ohne die Handflächen voneinander zu lösen. Wenn das Eigengewicht des Beines die Bewegung erschwert, versuch es mit etwas Schwung. Solltest Du Schmerzen verspüren, unterbrich die Bewegung. Versuch, eventuell nach einer Kurzpause, das Bein 3–5 Sekunden in der Endposition, wie eine Standsäule, zu halten, ohne Atemstörung oder Verkrampfung. Langpause in Rückenlage.

Bis wohin dringt jetzt Dein Atem durch? Nimm die Veränderungen in Deinem Körper wahr!

12. Hebe gleichzeitig linken Arm und linkes Bein 5mal nach oben zur Decke. Dann dieselbe Bewegung noch 3mal, diesmal aber führst Du den Arm über die Senkrechte nach hinten zum Boden. Halte danach 5 Sekunden die Endpositionen bei reger Atemtätigkeit.

Hast Du die unterschiedlichen Drehbewegungen von Schulter- und Beckengürtel wahrgenommen? Pause: Ruhe Dich in Rückenlage aus und beobachte die Nachatmung.

13. Drehe Dich auf die linke Seite und wiederhole die Übungen 8–12 spiegelbildlich.

Spüre in der anschließenden Langpause in Ruheposition nach Wunsch den körperlichen Veränderungen nach.

Lektion 3

Ausgangsposition: Bauchlage. Die Arme sind neben dem Kopf angewinkelt. Der Kopf ruht auf der Unterlage oder dem Boden, mit dem Gesicht nach rechts. Das linke Bein ist gestreckt und etwas gespreizt, während das rechte Bein seitwärts am Boden entlang angezogen wird, bis sich zwischen Oberschenkel und Rumpf und Unter- und Oberschenkel je ein Winkel von 90° bildet. Gewöhne Dich an diese Beinposition. Dein

Körper sollte dabei nicht in Seitenlage kommen.

1. Konzentriere Dich auf das rechte Knie und versuche, es 8mal vom Boden abzuheben, ohne den Fuß vom Platz zu rühren. Stemm die Fußsohle fest auf den Boden, vor allem die Außenkante, damit Dir der Fuß nicht wegrutscht. Das stärkt die Fußwölbung und gibt Dir Halt.

Vergiß nicht, daß das Bein zum Körper gehört! Ohne Bewegungsbereitschaft im Becken bleibt das Knie »am Boden kleben«. Wenn Dir die Bewegung leichtfällt, probiere einmal, das Gesicht nach links zu drehen und mit den Kniebewegungen fortzufahren. Spürst Du den Unterschied? Halte die Endposition 3 Sekunden, um die Höhe des Knies vom Boden und die Lageveränderung im Körper bewußter wahrzunehmen. Kurzpause.

2. Ausgangsposition wie vorher, Gesicht nach rechts. Versuche 8mal den rechten Fuß samt Unterschenkel vom Boden abzuheben, ohne Oberschenkel und Knie vom Platz zu rühren und ohne den rechten Winkel im Knie zu verändern.

Welcher Körperbereich muß dabei nachgeben? Lerne durch Erfahrung am eigenen Körper! Achte darauf, daß sowohl bei Übung 1 wie auch bei dieser Bewegung das linke Bein bis in die Zehenspitzen gestreckt ist.
Vergiß den rechten Winkel im Knie

nicht, andernfalls geht der Effekt der Bewegung verloren! Du kannst auch diese Übung mit dem Gesicht nach links ausführen. In welcher Lage fühlen sich Kopf und Nacken wohler? Halte 3 Sekunden die Endposition. Kurzpause.

3. Kombiniere die Übungen 1 und 2. Führe sie abwechselnd als fließende, einheitliche Bewegung 5mal aus.

Langpause in Rückenlage: Vergleiche das Körpergefühl in der rechten und linken Seite.

4. Wiederhole die Übungen 1–3 spiegelbildlich, d.h., das rechte Bein ist gestreckt und das linke Bein angewinkelt. Dein Gesicht schaut nach rechts oder links, wie es Dir angenehmer ist.

Bei diesen Übungen geht es nicht um weitschweifige Bewegungen, sondern um kleine, aber tiefgreifende Ereignisse. Arbeite nicht mit dem Willen, sondern höre auf die Körpervernunft, deren Sprache Dir vielleicht noch fremd ist; aber bei geduldigem Hinhorchen wirst Du sie immer besser verstehen.

5. Ausgangsposition: Bauchlage wie Übung 1. Lege den linken Arm gestreckt in der Verlängerung des Körpers nach oben, der rechte Arm liegt angewinkelt nahe am Körper, die Hand ungefähr auf Schulterhöhe, Handfläche nach unten. Das Gesicht schaut nach rechts.
Drücke die rechte Hand gegen den Boden, so daß sich Dein Arm streckt und der Ellbogen sich vom Boden abhebt. 8–10mal. Dein Körper soll die Bewegung ohne Widerstand auffangen. Laß also die folgerichtige Seitdrehung von Kopf und Schultergürtel bereitwillig zu. Kurzpause.

6. Wechsle nun nur die Lage Deiner Arme: der rechte gestreckt, der linke angewinkelt neben dem Körper, linke Handfläche am Boden. Führe links die gleiche Hebebewegung 8–10mal aus. Kurzpause.
7. Führe abwechselnd die Übungen 1 und 6 in langsamem Rhythmus gleichmäßig fließend 5mal aus.

Ist Dir aufgefallen, daß Bewegung 1 und 6 den gleichen Charakter haben? Bei der einen heben wir das Knie mit Hilfe des Fußes, bei der anderen den Ellbogen mit Hilfe der Hand. Bist Du in eine leichte Seitschaukelbewegung geraten? Langpause in Rückenlage.

8. Wiederhole die Übungen 4–6 spiegelbildlich, d.h. Gesicht nach links, rechtes Bein und rechter Arm gestreckt, linkes Bein und linker Arm angewinkelt.
9. Ausgangsposition: Bauchlage wie Übung 1. Sicher ist Dir diese Position schon angenehmer als anfangs. Laß los, und lege die ganze Rumpfvorderseite flach am Boden ab. Die Stirne liegt auf dem Boden, oder Du kannst sie auf Deine Hände stützen. Achte aber in diesem Fall darauf, daß Du den Nacken nicht abknickst.
Hebe jetzt das linke gestreckte Bein 8mal vom Boden ab. Halte die Endposition 5 Sekunden, und atme tief durch.

Wie hoch kannst Du das Bein heben? Ungewohnte Bewegungen in ungewohnten Positionen verlangen Geduld, bis das Bewegungsmuster entdeckt wird. Je mehr Du die Energie vom Oberkörper in Dein Bein verlagerst, desto mehr Kraft hat es, und die Übung fällt Dir leichter.
Das Knie soll gestreckt bleiben, und das Bein kann sich bis und mit dem Becken vom Boden abheben. Pause.

10. Dein Kopf ruht nur auf der linken Hand. Den rechten Arm legst Du in der Körperverlängerung gestreckt nach

vorne. Hebe jetzt den rechten gestreckten Arm 8mal vom Boden ab. Dein rechtes Ohr bleibt auf der Höhe des rechten Arms, d.h., Kopf, Nacken und Schultergürtel heben sich mit. Versuche kraftvoll die Endposition 3–5 Sekunden zu halten.

Wann atmest Du ein und wann aus? Merkst Du die Pause nach der Ausatmung und die Pause nach jeder Bewegung? Fließt in der Endposition der Energiestrom bis zu den Fingerspitzen?

11. Wechsle die Handpositionen. Führe die gleiche Hebebewegung mit dem linken gestreckten Arm 5mal aus. Kurzpause.
12. Nun ist wieder der rechte Arm nach vorn gestreckt, und Dein Gesicht schaut nach rechts. Führe die Übungen 9 und 10 abwechselnd schwungvoll aus, bis Du in eine leichte Längsschaukelbewegung gerätst.

Bildest Du eine durchgespannte Linie vom linken Fuß bis zu den Fingerspitzen der rechten Hand? Achte darauf, daß sich Arm und Bein abwechselnd heben: Wenn sich der Arm hebt, senkt sich das Bein. Diese Übung verhilft zu besserer Spannkraft! Langpause in Rückenlage mit angewinkelten, aufgestellten Beinen.

13. Wiederhole die Übungen 9–12 spiegelbildlich.

Schließe die Lektion mit einigen Lockerungsbewegungen für den Rücken, Arme und Beine ab. Langpause in Ruheposition nach Wahl: Spüre den Bewegungen dieser Lektion und ihren Auswirkungen auf Deinen Körper nach.

Lektion 4

Ausgangsposition: Rückenlage. Die Hände sind hinter dem Kopf, die Finger greifen leicht ineinander, Daumen zum Boden, Kleinfinger zur Decke. Die angewinkelten Ellbogen liegen möglichst nahe am Boden. Stelle die Beine angewinkelt auf den Boden, lasse die Knie weit zur Seite fallen, so daß sich die Fußsohlen aneinanderschmiegen können.

1. Bleibe erst einmal in dieser »entblößten« Lage, in der Du Dich vielleicht anfangs nicht so wohl fühlst. Es braucht Zeit und Geduld, sich auch innerlich zu öffnen. Atme ruhig und spüre der Atemwelle nach. Ziehe dann Deine Füße gemeinsam am Boden entlang Richtung Gesäß und stoße sie wieder zurück; mache diese Übung 10mal ganz sanft, bis Dir die Zugehörigkeit der Beine zum Körper ganz deutlich wird und die Bewegung der Beine zu einer kleinen, passiven Schaukelbewegung im Becken führt.

Wann wird das Kreuz hohl, und wann liegt es flach? Was geschieht mit der Bauchdecke? Hast Du bemerkt, daß sich die Knie mehr öffnen, wenn die Füße nahe beim Gesäß sind? Welche Position der Füße ist Dir angenehmer, nahe oder fern vom Gesäß? Versuche während dieser Lektion, wenn diese Beinposition verlangt ist, die Füße immer möglichst nahe ans Gesäß zu bringen. Pause in Rückenlage mit Beinlockerung.

2. Ausgangsposition. Was während der vorigen Bewegung im Becken passiv geschah, sollst Du jetzt aktiv ausführen, das heißt eine deutliche Beckenschaukel am Boden. Wenn Du das Becken nach vorne neigst, heben sich die Lendenwirbel vom Boden ab, und die Bauchdecke ist entspannt. Kippst Du das Becken nach hinten, werden die Lendenwirbel auf den Boden gepreßt, und die Bauchmuskulatur ist angespannt. Bewege so das Becken 5–8mal so stark als möglich. Pendle die Bewegung auf Deinen Atemrhythmus ein.

Bleibe 8 Sekunden in der extremen Vorneigeposition des Beckens. Sei ganz offen und atme tief durch, so daß Du die Atemwelle bis tief in Unterbauch, Unterleib und Beckenboden hinab spürst. Diese Beckenposition erfordert die Basisatmung und ist von tiefgreifender Wirkung. Pause in Rückenlage mit aufgestellten Füßen.

3. Ausgangsposition wie Übung 1. Lege nun aber die Handflächen so aneinander wie die Fußsohlen. Konzentriere Dich ganz auf die Füße, und spüre den Kontakt zwischen den beiden Fußsohlen, wie wenn sie eine unzertrennliche Einheit wären. Bewege diese Einheit aus dem Fußgelenk heraus nach links und rechts, 8–10mal, wobei jeweils ein Fuß den aktiven Bewegungsimpuls gibt. Die Füße bleiben am Boden und an Ort, auch die Beine bewegen sich nicht.

Du solltest die Bewegung vor allem in den Fußgelenken deutlich spüren. Inwieweit haben sich Deine Zehen lebhaft beteiligt? Kurzpause.

Führe die gleiche Bewegung 10mal mit dem flach aneinanderliegenden Händepaar aus.

Die Arme bleiben ruhig, die Handwurzeln berühren den Kopf nicht, und die Ellbogen sind möglichst nahe am Boden. Die Hauptbewegung findet in den Handgelenken statt. Löse Hände und Füße, und ruhe Dich in Rückenlage aus.

4. Gleiche Ausgangsposition wie Übung 3.

Versuche die Übung 3 in ruhig fließendem Rhythmus mit Hand- und Fußpaar 8mal gleichzeitig auszuführen. Kurzpause. Darauf noch weitere 8mal, wobei sich Füße und Hände wiederum gleichzeitig, nun aber in Gegenrichtung bewegen.

Langpause in Rückenlage mit Arm- und Beinlockerung.

5. Ausgangsposition. Rückenlage wie vorher. Die Hände liegen jedoch in einem Winkel von 45° neben dem Körper flach am Boden. Hebe etwa 5mal langsam beide Beine mit den aneinanderliegenden Fußsohlen so hoch, wie Hals- und Nackenmuskeln entspannt bleiben können.

Die für die Bewegung benötigte Kraft sollte aus dem Becken- und Lendenbereich kommen. Kurzpause.

6. Ausgangsposition wie Übung 5. Stemme Dein Fußpaar nahe am Gesäß gegen den Boden, und hebe das Becken 5mal hoch. Beim letzten Mal machst Du mit dem Becken federnde Wippbewegungen in Richtung Decke, kurz und kräftig. Wiederhole nach einer Kurzpause die Wippbewegung noch einmal.

Die Knie entfernen sich während der Bewegung maximal voneinander. Pause in Rückenlage mit Beinlockerung.

7. Kombiniere die Übungen 5 und 6 und führe sie abwechselnd als einheitliche, ruhig fließende Bewegung 5mal aus.

Nimm die gegensätzlichen Bewegungen im unteren Körperbereich deutlich wahr. Ruheposition in Rückenlage: Stell die Füße auf, und laß die angewinkelten Beine ganz locker von einer Seite zur anderen fallen. Streck danach die Beine aus. Langpause.

8. Ausgangsposition: Rückenlage. Stelle die Füße auf. Die Beine sind angewinkelt und gespreizt. Arme und Hände liegen wie anfangs dieser Lektion beschrieben. Was Du in Übung 5 und 6 mit dem unteren Körperbereich ausgeführt hast,

machst Du jetzt mit dem oberen: Hebe 5mal langsam die Arme, so wie sie liegen, zusammen mit dem Kopf vom Boden ab.

Die Kraft dazu kommt aus der Körpermitte. Nacken und Schultern bleiben entlastet und die Ellbogen weitgestellt. Achte darauf, daß sich der Atem nicht staut. Kurzpause.

9. Ausgangsposition wie Übung 8. Stütz die Daumenseite der Hände, den Kopf und bei biegsamer Konstitution sogar die Ellbogen auf den Boden und versuche, 5mal Schultergürtel und Brustkorb vom Boden abzuheben.

Das Gesäß bleibt am Boden. Der Brustkorb weitet sich bei jedem Heben. Wenn Du einen starren Rundrücken hast, ist diese Bewegung fast unmöglich. Aber selbst ein leichtes Anheben ist erstrebenswert; arbeite konzentriert und geduldig. Pause in Rückenlage mit Nacken-, Schulter- und Armlockerung durch leichtes Kopfrollen.

10. Wiederhole die Bewegungen 8 und 9 abwechselnd in einheitlich fließendem Rhythmus, und nimm die gegensätzliche Bewegung im oberen Körperbereich deutlich wahr. Langpause in Rückenlage.
11. Ausgangsposition wie Übung 5. Schiebe 5mal die Füße und die Beine,

ohne ihre Lage zu verändern, am Boden entlang nach rechts und wieder zurück zur Mitte. Dann die gleiche Bewegung 5mal nach links. Kurzpause. Und nun die ganze Strecke von Seite zu Seite 5mal.

Führe keinerlei Drehbewegungen oder ähnliches mit den Beinen aus, dann merkst Du, daß die Bewegung zur Hauptsache vom Beckenbereich ausgeht und die Beine sie bereitwillig aufnehmen. Halte die Endposition auf jeder Seite 5 Sekunden und atme tief durch. Pause in Rückenlage.

12. Ausgangsposition wie Übung 8. Was Du in Übung 11 mit dem unteren Körperbereich ausgeführt hast, versuche jetzt mit dem oberen. Schiebe 5mal Arme, Kopf und Schultergürtel unverändert als zusammengehörige Einheit am Boden nach rechts.

Dabei wird der Kopf weder gehoben noch gedreht. Hände und Schultergürtel bleiben möglichst flach am Boden.

Führe die gleiche Bewegung 5mal nach links aus. Kurzpause. Und nun die ganze Strecke von Seite zu Seite 5mal. Halte die Endposition auf jeder Seite 5 Sekunden.

Spürst Du den Unterschied in der Atmung zwischen Übung 11 und 12? Die Bewegung geht hauptsächlich von der Körpermitte, der Brustkorbbasis, aus, und die höherliegenden Körperteile folgen dieser Bewegungskraft. Pause in Rückenlage.

13. Kombiniere nun Übung 11 und 12, und gleite mit dem oberen und unteren Körperbereich simultan am Boden 2mal nach rechts. Beim dritten Mal bleibst Du 5 Sekunden in der Endposition mit intensiver Atmung. Darauf das gleiche zur linken Seite. Langpause in Rückenlage.

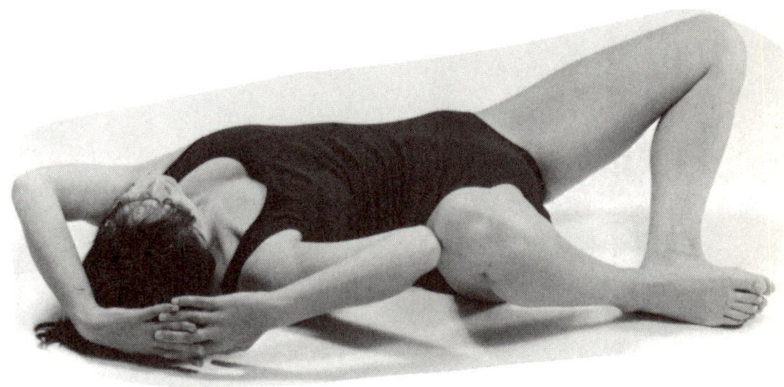

14. Ausgangsposition. Hebe die linke Gesäßhälfte langsam vom Boden, ohne die stabile Spreizstellung der Beine aufzugeben. Durch die Beckendrehung nach rechts wird das rechte Knie zum Boden gepreßt und die Dehnung zwischen den Beinen verstärkt. Der linke Ellbogen zieht gleichzeitig zum Boden, und der Kopf dreht sich nach links. Dadurch entsteht eine Spannungslinie vom rechten Knie bis zum linken Ellbogen. Führe die Dehnbewegung 3mal aus, und halte schließlich die Endposition 5 Sekunden. Atme bei dieser Übung ganz bewußt. Kurzpause. Führe die gleiche Übung nach links aus. Pause in Rückenlage.

15. Ausgangsposition. Führe die Bewegungen 5 und 8 gleichzeitig als einheitliche Bewegung 3mal aus. Schöpfe die Bewegungskraft aus der Körpermitte. Ober-

und Unterkörper heben sich vom Boden ab und kommen sich entgegen. Halte die Endposition 5–8 Sekunden, innerlich entspannt, jedoch mit kraftspendender Konzentration und bewußter Atmung.

Beobachte Deinen Körper bei dieser Übung: Wie weit kommen Knie und Ellbogen zueinander? Auf welchen Wirbeln ruht der Körper? Spürst Du die Atmung in die rückwärtige Lendenpartie fließen, während Bauch- und Brustmuskulatur maximal zusammengezogen sind? Sicher stellst Du einen Unterschied an Kraft und Biegsamkeit gegenüber dem Anfang der Lektion fest. Löse die Position langsam auf, und kehre in die Rückenlage zurück. In dieser Ruheposition mit weich von Dir gestreckten Gliedern erlebst Du Nachatmung und Tiefenentspannung.

Lektion 5

Ausgangsposition: Setze Dich mit gestreckten und gegrätschten Beinen auf den Boden und versuche, in diesem Sitz den Rumpf vom Steißbein bis zum Scheitel im rechten Winkel zum Boden aufzurichten. Bemühe Dich, während der Lektion diesen aufrechten Sitz bewußt kontrolliert zu wahren. Du kannst die Hände flach auf die Oberschenkel legen oder Dich mit den Fingerspitzen neben dem Gesäß am Boden abstützen. Auf keinen Fall aber sollst Du die Hände flach hinter dem Rumpf aufstützen! Dein Blick ist geradeaus gerichtet. Die Beine sind gestreckt, so daß Du guten Kontakt zum Boden hast. Sind die Zehen zur Decke gerichtet, oder fallen die Füße nach außen? Sie sollten sich in Mittellage befinden und nicht krampfhaft nach hinten oder vorne durchgespannt sein. Achte darauf, daß die Atmung ungestört fließt. Pause in Rückenlage.

1. Ausgangsposition. Bewege die Zehen 10–15mal vor und zurück; nach hinten kräftig spreizend und nach vorne greifend. Du bewegst dabei die Füße im Fußgelenk nicht.

Sind Deine Zehengelenke noch beweglich, und hat sich auch die kleine Zehe

an der Bewegung beteiligt? Pause mit Rückenentspannung: Beine anwinkeln und gegrätscht aufstellen und Rücken in Vorbeuge entspannen (Sitzrolle).

2. Ausgangsposition. Bewege die Füße im Fußgelenk 10mal kräftig nach hinten. Bei jeder Bewegung heben die Fersen vom Boden ab.

Mit dieser Übung wird die verkürzte Achillessehne gedehnt. Die Zehen sind mitbeteiligt, und Du spürst entlang Deiner Beine eine Dehnspannung. Achte darauf, daß die Beine gut durchgestreckt sind und die Kniekehlen mit dem Boden Kontakt haben. Langpause in Rückenlage mit Knie-, Bein- und Fußlockerung.

3. Ausgangsposition. Bewege die Füße im Fußgelenk 10mal kräftig nach vorne. Führe die Füße nach jeder Vorbewegung in die Ausgangsposition zurück.

Wie reagieren die Knie auf diese Bewegung? Pause mit Rückenentspannung im Sitz (Sitzrolle).

4. Ausgangsposition. Führe die Bewegungen 2 und 3 10mal abwechselnd und in fließendem Rhythmus aus. Die Zehen beteiligen sich rege daran.

Nimm dabei eventuell auftretende Schmerzerscheinungen wohlwollend an. Unsere Zehen- und Fußgelenke sind durch falsches Schuhwerk und andere ungesunde Lebensumstände oft sehr unbeweglich geworden. Dies wirkt sich schädlich auf unsere Haltung und Gesundheit aus. Pause in Rückenlage mit Fuß- und Beinlockerung.

5. Ausgangsposition. Wiederhole die Übung 4 10mal mit dem Unterschied, daß die Fußbewegung jetzt nicht vom übrigen Körper isoliert bleibt, sondern durch entspannte Aufnahmebereitschaft vom Fuß bis zur Taille fließt. Das heißt, der Körperbereich unterhalb des Brustkorbes nimmt die Fußbewegung auf.

Laß also ein Vorwärts- und Rückwärtsbewegen des Beckens zu. Kopf und Brustkorb bleiben aber trotzdem in aufrechter Haltung. Wenn Du die Hände nicht aufstützt, sondern frei schweben läßt, nehmen auch sie die Bewegung auf.
Entwickle über diese Bewegung ein Ge-

fühl für körperliche Ganzheitlichkeit, die dem modernen Menschen in hohem Maße abhanden gekommen ist, was sich deutlich in seinen isolierten Körperbewegungen äußert. Pause im Sitz mit Rückenentspannung wie nach Übung 1.

6. Ausgangsposition. Bewege die aufgerichteten Füße 10–15mal abwechselnd nach rechts und links, so als ob die jeweilig äußere Zehe den Boden berühren möchte. Versuche im aufrechten Sitz mit locker hängenden Armen diese kleine Fußbewegung nach und nach aufzufangen, bis der ganze Körper in Bewegung gerät.

Was geschieht dabei in den Hüftgelenken? In welche Richtung schaukelt das Becken? Der Oberkörper sorgt bei der Bewegung für Haltungsausgleich. Kopf und Blick wenden sich jeweils in Gegenrichtung. Langpause in Rückenlage.

7. Ausgangsposition. Verbinde die Übungen 5 und 6 zu einer fließend kreisenden Bewegung, 6mal in beide Richtungen. Die Zehen zeichnen einen möglichst großen Kreis in die Luft.

Die Fußbewegung sollte möglichst rund und gleichmäßig sein. Laß auch hier die Fußbewegung in den ganzen Körper übergehen. Versuche nur die Füße aktiv zu bewegen, während die Bewegung des übrigen Körpers ein passives Mitbewegen bleibt. Das ist sehr schwer und wird erst im Laufe längerer Übungszeit erreicht. Wenn Dir schwindlig wird, führe die Bewegung langsam und mit geöffneten Augen aus. Diese Übung soll Dir bewußt machen, wie wichtig und eng die Verbindung unserer Körperbasis, der Füße, zu unserem ganzen Selbst ist. Schenk ihnen von jetzt an mehr Beachtung!
Zum Abschluß der Lektion entspannst Du Dich in Rückenlage: Spüre der Atmung, Haltung und dem Kontakt mit dem Boden nach.

Lektion 6

Ausgangsposition: Rückenlage. Beine und Arme liegen gestreckt und leicht gegrätscht, aber entspannt am Boden. Versuche die Verbindung von Körper und Boden bewußt wahrzunehmen. Achte unter anderem darauf, wie Kniekehlen, Lendenwirbel und Schulterbereich aufliegen.

1. Ziehe ganz langsam und leicht die Fersen am Boden entlang zum Körper hin, bis die ganze Fußsohle mit dem Boden Kontakt hat, und gleite wieder in die Ausgangslage zurück; 6–8mal.

Beobachte dabei, wann die Lenden mehr und wann weniger am Boden aufliegen. Laß am Schluß die Beine gegrätscht aufgestellt.

2. Aus der Endposition von Übung 1 läßt Du das rechte Knie 3–5mal nach rechts außen zum Boden fallen, ganz locker und ohne Widerstand von seiten des Körpers. Das Becken gerät so in eine Seitschaukelbewegung. Wiederhole die Bewegung 10mal, und baue sie folgendermaßen aus: Wenn das Knie am Boden angelangt ist, streckst Du das Bein in der Verlängerung des Oberschenkels aus. Der Fuß liegt dann auf der Außenkante. Das Bein liegt immer noch am

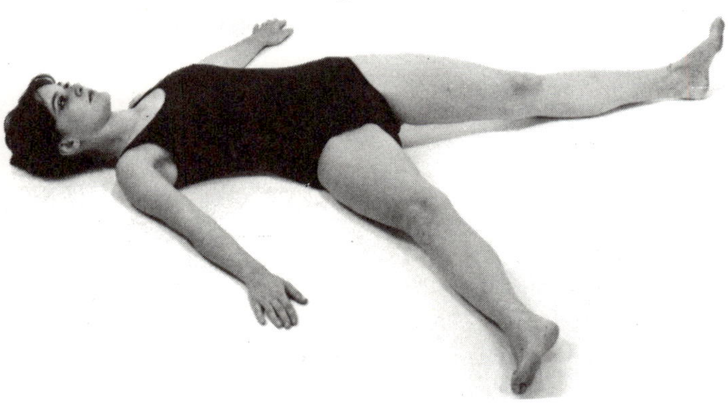

Boden, Du beugst es wieder und führst es dann in die aufgestellte Position zurück. Versuche das alles in einen rhythmisch fließenden Bewegungsablauf zu bringen. Kurzpause.
3. Gleiche Ausgangsposition wie Übung 2. Leg das rechte Knie 5mal nach innen, links zum Boden hin.

Nimm den Unterschied zwischen der vorherigen Außen- und der jetzigen Innenbewegung wahr: Bei der Innenbewegung hebt sich das Becken auf der rechten Seite. Die Beine müssen in weiter Grätschstellung sein, sonst kann das Knie nicht zum Boden gelangen. Drück das Knie nicht gewaltsam nach unten.

Wiederhole dann die Bewegung 10mal, strecke aber auch diesmal wieder das

Bein in der Verlängerung des Oberschenkels, sobald das Knie am Boden angelangt ist. Die große Zehe bleibt in Bodenkontakt. Beuge das Bein wieder, führe es dann in die aufgestellte Position zurück.

Bemühe Dich auch hier um einen fließenden Bewegungsablauf. Strenge Dich nicht unnötig an; das heißt, heb den Fuß nicht, sondern laß ihn spielend am Boden gleiten. Entspanne danach die Beine. Pause in Rückenlage.

4. Kombiniere nun die Übungen 2 und 3, und führe sie als eine gleichmäßig laufende Bewegung 6mal in jede Richtung aus. Der Fuß beschreibt dabei am Boden einen Kreis. Der Bewegungsablauf ist der folgende: Das gebeugte rechte Knie geht nach außen zum Boden, Bein strekken; der Fuß liegt auf der Außenkante. Rechtes Bein nach links schwenken und auf die Innenseite drehen. Knie beugen und das Bein über oben wieder nach rechts zum Boden führen. Bei der entgegengesetzten Richtung fängst Du mit der Kniebeugung nach links innen zum Boden an, streckst dann das Bein in der Verlängerung des Oberschenkels. Der Fuß liegt auf der Innenkante. Dann schwenkst Du das Bein nach rechts, drehst es nach außen, beugst das Knie und führst es über oben nach links.

Entspanne während der Bewegung den Körper, so daß die Bewegungswelle Dich ganz durchdringen kann und sich somit Dein Körper als Ganzes bewegt. Laß die Beine am Schluß angewinkelt aufgestellt. Pause. Achte auf den Kontakt der Fußsohlen zum Boden. Spürst Du einen Unterschied zwischen dem linken und dem rechten Bein?

Wiederhole die Übung 1–5mal. Du wirst bemerken, daß Dir die Bewegung mit dem rechten Bein viel schneller und leichter gelingt, daß das Strecken und Beugen im Vergleich zum Beginn der Lektion fast von alleine geschieht.

Langpause in Rückenlage mit gestreckten Beinen. Beobachte Deine Atmung und das Körpergefühl.

Danach führst Du die Übungen 2–4 mit dem linken Bein aus. Langpause.
5. Ausgangsposition: Rückenlage mit angewinkelten aufgestellten Beinen. Hebe das rechte angewinkelte Bein vom Boden ab, und umfasse mit der rechten Hand das Knie. Führe nun Kopf und Knie 3–5mal zueinander, ganz leicht und angenehm, ohne eine Berührung zu erzwingen.

Dies ist eine entspannende Ausgleichsbewegung zu den vorhergehenden Übungen. Denke daran, daß bei normal beckenbreit voneinander entfernten Beinen das Knie nicht zur Stirn, sondern eher neben das Ohr kommt.

Wiederhole die Bewegung mit linkem Knie und linker Hand. Kurzpause.
6. Ausgangsposition wie Übung 5, doch stehen die Beine dicht nebeneinander. Führe die Übung 4 nun mit beiden Beinen gleichzeitig aus, ohne sie voneinander zu trennen. 8mal in jede Richtung.

Kontrolliere die ersten Male aufmerksam, um sicher zu sein, daß beide Füße gemeinsam halbkreisförmig am Boden gleiten und das jeweils äußere Knie ebenfalls den Boden berührt. Beschleunige erst dann die Bewegung. Laß den Körper und besonders den Nacken ganz locker, so daß der Kopf passiv von Seite zu Seite rollt. Langpause in Rückenlage.

7. Ausgangsposition wie Übung 6. Wiederhole die gleiche Übung 6mal, diesmal aber macht jeder Fuß seine eigene Bewegung in Gegenrichtung zum anderen. Der Ablauf ist wie folgt: Die Knie trennen sich, fallen nach außen, die

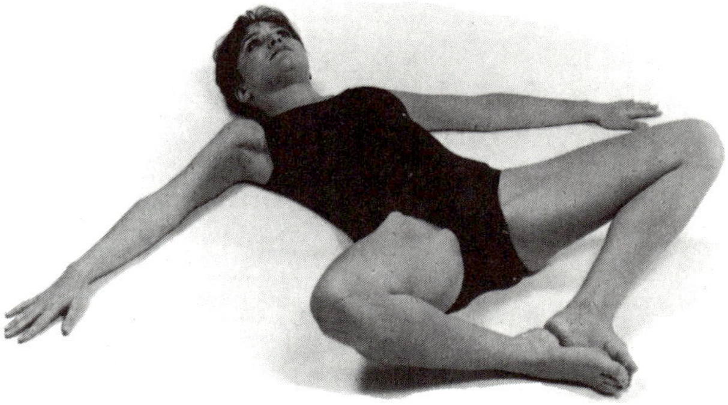

Füße gleiten – die Sohlen aneinandergelegt – auf der Außenkante am Boden, bis die Beine gestreckt sind. Dann schwenkt jedes Bein nach außen und

dreht sich auf die Innenseite. Beuge dann die Knie, so daß sie sich wieder berühren, und führe danach die Beine und Füße in die Ausgangsposition zurück.

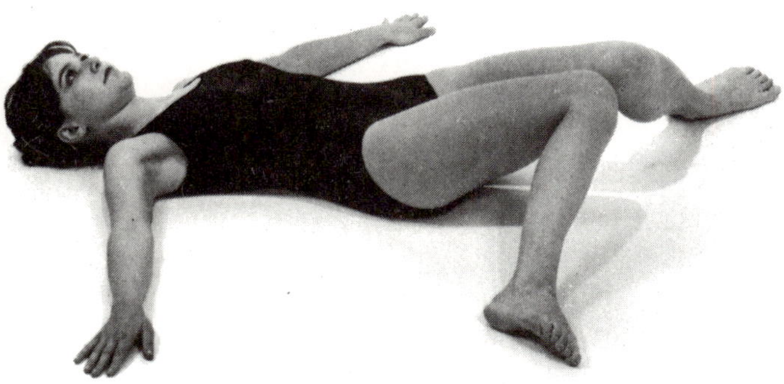

Mache diese Übung auch in umgekehrter Richtung: Die Füße trennen sich, und die aneinanderliegenden Knie bewegen sich zum Boden hin. Streck die Beine, die jetzt auf der Innenseite liegen. Nun schwenkt wiederum jedes Bein nach außen, dreht sich auf die Außenseite. Beuge dann die Knie, so daß die Fußsohlen wieder in Kontakt kommen. Führe dann die Knie über oben in die Ausgangsposition zurück.

Achte darauf, daß die Bewegung fließend rund abläuft, ohne Ecken und Unterbrüche. Pause in Rückenlage. Um das unterschiedliche Körpergefühl zwischen Anfang und Ende der Lektion deutlich zu machen, komm noch einmal auf Bewegung 1 zurück und führe sie 3–5mal aus. Merkst Du, wieviel leichter und flinker Deine Beine jetzt die Beuge- und Streckbewegung am Boden ausführen? Wieviel entspannter und unabhängiger sind jetzt Becken- und Lendengegend, die trotz der Beinbewegung ruhig und entspannt am Boden aufliegen? Langpause mit Entspannung in Ruheposition nach Wahl.

Lektion 7

Hast Du schon einmal darauf geachtet, in welche Richtung Deine Handflächen zeigen, wenn Du gehst und stehst? Wenn ich gerade nach den Händen frage, so deshalb, weil wir sie zu vielem benützen und daher eine besondere Beziehung zu ihnen haben. Ich spreche aber nicht von den Händen allein, sondern auch von den mit ihnen verbundenen Körperpartien wie Schultern und Rücken. Stell Dich einmal aufrecht mit locker hängenden Armen hin. In welche Richtung zeigen die Handrükken? Nach rückwärts, zur Seite, nach vorne? »Mach« jetzt aber nichts willentlich, sondern nimm Unbewußtes bewußt wahr, und behalt es bis zum Ende der Lektion im Gedächtnis!

Ausgangsposition: Kniestand. Stell den rechten Fuß in Schrittentfernung vorne auf, so daß Unter- und Oberschenkel einen rechten Winkel bilden. Falls Du Probleme mit den Knien hast, nimm eine weiche Unterlage. Der aufgestellte Fuß sollte jedoch auf festem Boden stehen.

1. Strecke den rechten Arm nach vorne auf Schulterhöhe, und beuge die Hand nach hinten, als ob Du gegen eine Wand drücken würdest. Der Blick ist auf den Handrücken gerichtet. Stoße nun 6–8mal mit der Hand gradlinig nach vorne, wie wenn Du eine Wand wegstoßen wolltest, und laß den Körper dieser Bewegung nachfolgen.

Dein Nacken soll ganz locker sein und der Körper bereitwillig der Hand folgen, ohne irgendwo Widerstand zu leisten. Achte darauf, daß die Hand nach oben gebeugt bleibt. Das rechte Knie wird stark gebeugt, der Fuß ist fest am Boden verwurzelt. Versuche Atem und Bewegung aufeinander einzustimmen. Nimm ganz bewußt Linien und Formen Deines Handrückens wahr!

Laß die Hände locker hängend kurz ausruhen, wechsle dann die Beinposition, und wiederhole die gleiche Bewegung 6–8mal mit der linken Hand. Pause in der Ruherolle.

2. Ausgangsposition. Strecke beide Arme in Schulterhöhe nach vorne, mit nach hinten gebeugten Händen, und wiederhole die Übung 1 5mal. Bei jedem Vorstoßen in den Raum aktivierst Du die Handbeuge, ohne die Finger aneinanderzudrücken.

Die Arbeit an den Händen ist von großer Bedeutung und löst weitgehende Reaktionen aus. Vergiß nicht, daß Hände und Finger gewöhnlich in leicht gebeugter Haltung sind; bei manchen Menschen sind sie sogar oft zur Faust geschlossen. Das hat seine Ursachen im Charakter und zeitigt Auswirkungen auf die Persönlichkeit. Achte darauf, daß das rechte aufgestellte Bein nicht zu nahe und nicht zu weit steht. Du bist hier mit dem Problem konfrontiert, Deinen »Standpunkt«, Deine Mitte zu finden. Das Suchen und Bewußtmachen von Analogien zwischen Haltung, Bewegung und Persönlichkeit während der Lektion erleichtert es Dir, den Dir entsprechenden Platz in der Welt zu finden.

Wechsle die Beinposition, und wiederhole die Bewegung 5mal.

Langpause in Rückenlage mit Lockerungsbewegungen für Knie und Füße. Spürst Du die gesteigerte Vitalität in Händen und Fingerspitzen, etwa ein Strömen oder Kribbeln? Sicher werden diese Empfindungen im Lauf der Lektion auftauchen.

3. Ausgangsposition mit gleicher Arm- und Handstellung wie Übung 1. Dreh die rechte Hand, ohne ihre Haltung zu ändern, 6–8mal seitwärts nach rechts. Der Arm, der sich dabei um seine eigene Achse dreht, wie auch der Rumpf folgen dieser kleinen Handbewegung.

Wenn Du den ganzen Körper mitbeteiligst, gestaltet sich die Bewegung leicht und spielerisch, und der Bewegungsradius vergrößert sich. Kurzpause mit locker hängenden Armen.

Führe in derselben Position die gleiche Bewegung 6–8mal nach links aus.

In welche Richtung ging es leichter? Weiche mit dem Rumpf nicht in eine Beuge nach vorne aus, sondern neige ihn aufrecht zur Seite, den Kopf in der Rückenverlängerung und den Blick nach vorne zur Hand gerichtet. Pause in der Ruherolle.

Wechsle die Beinposition, und wiederhole die gleichen Bewegungen mit der linken Hand.

Mit welcher Hand geht es leichter? Vielleicht kannst Du Dir selbst erklären, warum?
Pause im Fersensitz, wenn er Dir angenehm ist, sonst wählst Du die von Dir bevorzugte Ruheposition.

4. Ausgangsposition. Strecke beide Arme in Schulterhöhe nach vorne, und wiederhole die Bewegung 3 mit beiden Händen nach jeder Seite 5mal. Mach zwischendurch Kurzpausen. Dann 5mal

abwechselnd nach rechts und links in fließendem Ablauf.

War der Unterschied im Bewegungsradius nach links und rechts mit beiden Händen derselbe wie bei der Übung mit einer Hand? Halte die Arme ganz parallel in Schulterbreite und -höhe. Versuche Deinen Körper so geschmeidig mitzubewegen, daß er in ein fast tänzerisches Schwingen gerät. Laß die Arme locker hängend kurz ausruhen.

Wechsle die Beinposition, und wiederhole die gleiche Bewegung 5mal. Langpause in Rückenlage.
5. Ausgangsposition. Führe den rechten gestreckten Arm in Schulterhöhe 5–8mal nach rechts. Dein Blick folgt dabei dem Handrücken. Die Hand hat die alleinige Führung der Bewegung; Kopf, Nacken, Schultergürtel und Rumpf gehen nach und nach mit. Übe die ersten Male ganz langsam und bewußt, dann etwas gelassener und schneller.

Kommst Du auf einen Bewegungsradius von 90°, ohne daß Dir die Hand »davonläuft«?

Kurzpause mit locker hängenden Armen.

Wiederhole in derselben Position die gleiche Bewegung 5–8mal nach links.

Nach welcher Seite ging es leichter? Pause in der Ruherolle.

Wechsle die Beinposition, und wiederhole die gleichen Bewegungen mit der linken Hand.

Ist der Bewegungsradius der Hände unterschiedlich? Halte das gebeugte, aufgestellte Bein während der Bewegung ruhig. Pause in einer Dir angenehmen Ruheposition.

6. Ausgangsposition. Strecke beide Arme in Schulterhöhe nach vorne, und wiederhole die Übung 5 mit beiden Armen gleichzeitig. Auf jede Seite 5mal, mit einer Kurzpause dazwischen. Danach 5mal abwechselnd rechts und links als fließende Bewegung ohne Unterbrüche.

Vergleiche wiederum das Ausmaß der Bewegung mit einer und mit beiden Händen. Wenn Dir bei Kopfbewegungen leicht schwindlig wird, kannst Du dies vermeiden, indem Du den Blick auf die Hände fixierst.

Stehe jetzt langsam auf, und mache ein paar Lockerungsbewegungen für Knie und Füße. Stell Dich dann mit parallel gerichteten Füßen hin, in aufrecht entspannter Haltung und mit locker hängenden Armen, und schließ die Augen.

Wie nimmst Du die Haltung Deiner Hände wahr im Vergleich zum Anfang der Lektion? Sind sie mehr nach innen oder nach außen gedreht? Zeigen die Handrücken nach vorne? Geh ein paar Schritte mit entspannten Schultern und Armen durch den Raum, und achte dabei auf die Haltung der Hände. Langpause in Rückenlage! Wie liegen Schultern, Hände und Finger am Boden im Vergleich zum Anfang der Lektion? Was hat sich noch verändert? Vergegenwärtige Dir noch einmal, daß Du während dieser Lektion Bewegungen in drei verschiedenen Grundrichtungen, nämlich Vor-, Seit- und Drehbewegungen, ausgeführt hast und Dir dabei aber immer Deiner Mitte bewußt sein mußtest.

Lektion 8

Ausgangsposition: Stell Dich mit parallelen, frontal ausgerichteten Füßen hin; die Füße sind beckenbreit voneinander entfernt. Diese Fußstellung kann für Dich so ungewohnt sein, daß ich Dich bitte, sie während der Lektion immer wieder zu kontrollieren. Falls Verspannungen auftreten sollten, nimm sie wahr und löse sie sofort auf.

Vorerst möchte ich kurz auf die ausgewogene aufrechte Haltung eingehen. Der Weg und die Voraussetzung zu einem gesunden und lebenswerten Selbst ist, sich fest im Boden verwurzelt zu fühlen, das heißt, einen guten Kontakt zwischen Fuß und Boden herzustellen, sich dem Boden anzuvertrauen. Auf einer solchen Basis wird es Dir gelingen, eine ausbalancierte aufrechte Haltung einzunehmen, aus der Du nicht so leicht den »Halt« oder den »Boden unter den Füßen« verlierst. Eine gute Körperhaltung wirkt sich auch auf Deine Psyche aus, sie verleiht Selbstbewußtsein und Selbstsicherheit.

Achte deshalb auf folgende Punkte:

1. Lockere Knie
Sind Deine Knie durchgestreckt? Das ist eine Fehlhaltung mit verheerenden Folgen! Lockere die Knie, das heißt aber nicht, daß Du in die Kniebeuge gehen sollst. Der Unterschied zwischen durchgestreckt und locker ist vergleichbar mit dem Unterschied zwischen einer aufgeschlossenen und einer verriegelten Tür. Wippe 6–8mal ganz leicht in den gelösten Knien und bleib dann stehen.

2. Gerades Becken
Hast Du während der Wippbewegung bemerkt, daß auch Fußgelenk, Hüftgelenk und Becken mitbeteiligt waren? Wenn nicht, versuch es noch einmal.

Achte jetzt auf die Lage des Beckens: Hast Du eine Tendenz zu hohlem Kreuz? Verspürst Du Spannungen in der Lendengegend? Das ist die Folge einer Fehlhaltung des Beckens. Wenn Du in den Knien locker bist, kannst Du das Becken mühelos aufrichten.

Übertreibe aber nicht bis zum runden Kreuz. Finde Deine Mitte! Das Gesäß bleibt nach hinten gewölbt, es wird nicht vorgeschoben. Pause im Liegen, Gehen oder in der Rumpfbeuge nach vorne, je nach Bedürfnis.

3. Offener, weiter Oberkörper
Stehe mit lockeren Knien und geradem Becken, wie eben beschrieben. Wir werden nun auf die Haltung des Oberkörpers eingehen. Beobachte, wie Brustkorb, Schultergürtel, Nacken und Kopf übereinanderstehen. Ruht der Oberkörper aufgerichtet über dem Becken? Oder zieht er nach vorne, nach hinten oder gar zur Seite? Fühlst Du Dich in diesem Körperbereich kraftlos und schlaff oder steif und unbeweglich? Das kann die Folge einer Fehlhaltung der Schultern sein.

Versuche Dich auf die Entfernung zwischen den beiden Schultern zu konzentrieren. Stell Dir vor, auf der Höhe der Schlüsselbeine verlaufe von einer Schulter über die Brust zur andern Schulter ein Gummiband. Führe nun 10 langsame Ziehbewegungen aus, die Du mit organischer Ein- und Ausatmung begleitest. Dehne die Brust, verspüre das Gefühl der Weite, wenn Du Dich öffnest. Du wirst bemerken, wie sich der Rücken, ja selbst Nacken und Kopf aufrichten wollen. Laß es zu, und bleibe in dieser offenen, aufrechten Haltung.

Fall aber unterdessen mit Knien und Becken nicht in die alten Fehler zurück! Kontrolliere Dich immer wieder! Du kannst jederzeit die Arbeit an Deiner Haltung unterbrechen, wenn Du ermüdest. Mache nach einer Erholungspause weiter.

4. Locker hängende Schultern
Eine weitere Fehlhaltung sind die hochgezogenen, festgehaltenen Schultern. Vom Hals zu den Schultern sollte eine schiefe Linie nach unten führen, anstatt – wie bei den meisten – eine ge-

rade oder gar nach oben gerichtete Linie. Die hochgezogenen Schultern sind das Gegenstück im Oberkörper zu den durchgestreckten Knien im unteren Bereich. Wir wollen zu hoch hinauf und haben Angst loszulassen.

Laß die Arme locker an den Schultern hängen wie der Mantel an einem Kleiderhaken. Die Handrücken sind mehr oder weniger frontal gerichtet, die Schultern weit, aber nicht gewaltsam nach hinten gezogen. Ziehe nun ganz bewußt abwechselnd 10mal die rechte und die linke Schulter nach unten, wobei der Atem wiederum organisch die Bewegung begleitet. Achte darauf, daß Du nur die Schultern bewegst und nicht mit Kopf oder Rumpf mitgehst.
Hängen die Schultern schon lockerer? Dann bewege sie abwechselnd 6–8mal ganz ruhig und leicht vor und zurück.

Nimm danach in der Ruhe- und Mittelhaltung die Erleichterung und, im wörtlichen Sinne, die »Gelassenheit« der Schulterpartie wahr. Pause.

5. Schwebender Kopf

Nun wenden wir uns dem Kopf zu. Viele von uns wissen oft nicht mehr, »wo ihnen der Kopf steht«. Und verlieren wir nicht immer mal wieder den Kopf? Anstatt daß wir den Kopf nach allen Richtungen frei beweglich, fast schwebend tragen, verstecken wir ihn ängstlich zwischen den hochgezogenen Schultern, so daß er zu einer fast unerträglichen Last für den Nacken wird. Der Nacken mit seinen verhältnismäßig kleinen Wirbeln weicht unter dieser Belastung nach vorne oder hinten aus, was für die umliegenden Muskeln und Sehnen sowie für die von dort ausgehenden lebenswichtigen Nervenzentren sehr schädlich ist. Und damit sind wir bei einer der gravierendsten Fehlhaltungen angelangt, die wir nun sofort korrigieren wollen:

Richte Deinen Blick ganz geradeaus nach vorne, so daß Dein Kinn weder nach oben noch nach unten zeigt. Ziehe aus dieser Haltung heraus den Kopf mit kleinen Drehbewegungen in Richtung

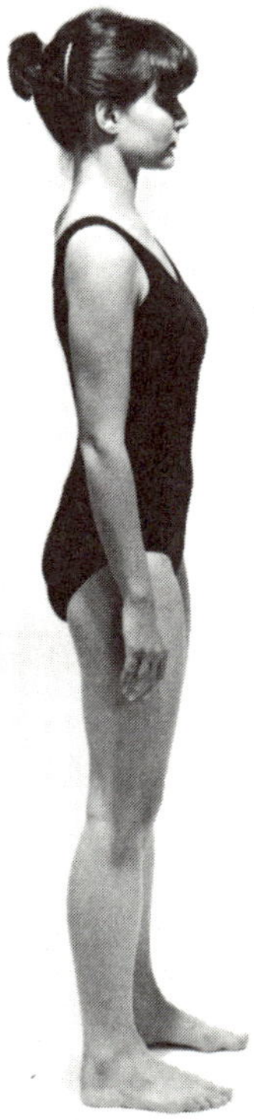

Decke. Die Bewegung ähnelt der Zieh-Dreh-Bewegung, mit der Du einen fest in der Flasche sitzenden Korken herausziehst. Führe diese Übung, die Hals und Nacken lang macht und gleichzeitig löst, 8–10mal aus.

Die Schultern sind dabei unbeteiligt, hängen locker nach unten, und der Brustkorb ist weit geöffnet. Vergiß die übrigen Haltungskorrekturen nicht! Ich weiß, es ist anfänglich langwierig und mühselig, an der Verbesserung der Haltung zu arbeiten. Vielleicht findest Du die aufrechte Haltung sogar anstrengender als die gewohnte Körperhaltung. Aber denke an die Folgen der Fehlhaltung! Bemühe Dich, die erwähnten Punkte auch beim Gehen, Sitzen und Beugen zu beachten. Sehr bald wirst Du feststellen, daß Du mit einer aufrechten Haltung bei allen körperlichen Betätigungen viel weniger schnell ermüdest.

Lektion 9

Ausgangsposition: Seitenlage rechts. Die Wirbelsäule ist gestreckt, ebenso das obere linke Bein, so daß Du von Kopf bis Fuß eine Gerade bildest. Das am Boden liegende rechte Bein winkelst Du an, bis der Fuß knapp hinter dem gestreckten Bein am Boden liegt. Diese Beinposition gibt dem unteren Körperabschnitt eine sichere Basis.

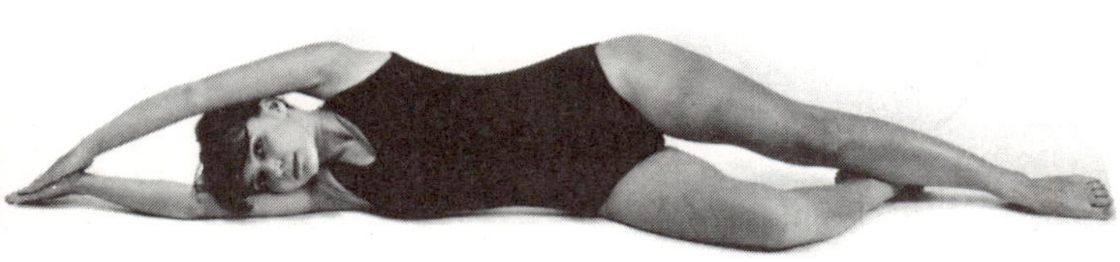

Die Arme liegen in gradliniger Verlängerung des Körpers über den Kopf gestreckt, und zwar auf der Ohrlinie. Wenn Du Probleme mit den Schultergelenken hast, beuge den unteren Arm und lege den Kopf darauf. Vielleicht probierst Du es im Verlauf der Lektion noch mit der gestreckten Armhaltung.

1. Beginne mit einer gleichzeitigen Streck-Zieh-Bewegung von linkem Arm und linkem Bein. Strecke den Arm in

gerader Linie nach oben, als ob Du ihn aus dem Schultergelenk ziehen wolltest, gleichzeitig das Bein aus dem Hüftgelenk heraus in gerader Linie nach unten. Wenn Ellbogen und Knie gestreckt bleiben, berühren Finger und Zehen den Boden nicht. Stimme das Ziehen und Loslassen organisch auf Deine Atmung ab. Mach das 10mal.

Ist die Spannungslinie bis in die Finger- und Zehenspitzen verlaufen? Wo spürst Du auf der linken Seite die Dehnung am stärksten? Pause in Rückenlage. Nimm die belebende Atmung wahr, die bis in Deine »erwachte« linke Körperseite dringt.

2. Ausgangsposition. Diesmal liegen beide Beine angewinkelt am Boden. Führe den gestreckten linken Arm in kleinen, langsamen Schüben 8mal nach hinten. Die Handfläche schaut dabei nach vorne, und der Oberarm streift jeweils das linke Ohr.

Der Arm soll während der Bewegung von den Fingerspitzen bis zur Schulter gestreckt sein. Spürst Du die Bewegung im Rücken? Achte auf die begleitende Atmung. Kurzpause.

3. Ausgangsposition: Stütze die linke Hand vor der Brust auf den Boden, das gibt dem Oberkörper Halt. Führe das gestreckte linke Bein in kleinen Schüben 8mal nach hinten.

Wenn Du das Bein bis zu den Zehen gestreckt und auf Hüfthöhe hältst, dann berührt der Fuß den Boden hinten nicht. Wo im Rücken spürst Du die Bewegung? Kurzpause.

4. Ausgangsposition. Führe die Übung 2 und 3 gleichzeitig 8mal aus.

Wenn beim gestreckten unteren Arm die Handfläche am Boden liegt, kannst Du während der Bewegung die Seitenlage besser halten. Leiste der Bewegung im Rücken keinen Widerstand. Langpause in Rückenlage: Spüre Deinem Körpergefühl nach. Bemerkst Du Unterschiede zwischen linker und rechter Körperseite?

5. Ausgangsposition. Hebe gleichzeitig den linken Arm und das linke Bein 8mal gestreckt nach oben.

Versuche nicht, einen Kontakt zwischen Hand und Fuß herzustellen, das ist nicht das Bewegungsziel. Laß während der Bewegung Hand und Fuß in der gleichen Position wie im Liegen; d.h., der Handrücken zeigt nach oben, die Zehen nach vorn. Die Ferse soll gradlinig die Beinbewegung führen und nicht nach vorn ausweichen. Achte darauf, daß der Rücken gestreckt bleibt. Versuche, trotz der Gewichts- und Bewegungsunterschiede, ein harmonisches Verhältnis zwischen Arm und Bein herzustellen. D.h., hebe den Arm im selben Winkel an, wie Du es mit dem Bein vermagst. Denn eine harmonisch ausgeführte Bewegung hat immer auch harmonisierenden Einfluß auf Deine Persönlichkeit. Halte die Endposition 5 Sekunden lang. Pause in Rückenlage.

6. Wiederhole nun die Übungen 1–5 in Seitenlage links mit rechtem Arm und rechtem Bein.
7. Ausgangsposition. Lege die linke Hand flach auf die Hüfte, so ist sie Dir bei der Bewegung nicht im Wege. Beuge das obere Knie, und führe es in Richtung Brustkorb. Gleichzeitig bewegst Du den Kopf nach vorne Richtung Knie, so als ob sie sich treffen wollten. Mach das 6mal.

Achte darauf, Knie und Kopf während der Bewegung nur auf Körperhöhe zu heben. Bei der Rückbewegung streckst Du Bein, Nacken und Rücken wieder kräftig durch. Denke daran, daß der Weg viel wichtiger ist als das Ziel. Wenn Du auf den richtigen Weg achtest, kommst Du unmerklich und ohne gewaltige Anstrengungen zum Ziel. Mach Dir diesen Grundsatz zum Prinzip!

Lege Dich auf die linke Seite, und wiederhole die Übung 6 spiegelbildlich. Kurzpause.
8. Ausgangsposition. Stütze die linke Hand vor der Brust auf den Boden. Beuge das obere Bein, hebe es und stelle es dann hinter dem rechten Knie auf den Boden. Das linke Knie zeigt jetzt zur Decke.

Versuche geduldig, das linke Knie 8mal nach hinten zu bewegen, ohne daß sich das rechte Knie vom Boden abhebt.

Stütze die linke Hand fest auf den Boden, damit der Schultergürtel fixiert ist. Kurzpause. Wo spürst Du diese Drehbewegung?

9. Bleibe in derselben Position, und fahre mit der gleichen Kniebewegung nach hinten fort, selbst wenn das rechte Knie den Boden verläßt und nachkommt; 8mal.

Laß die dabei entstehende Beckendrehung nach hinten zu, bis die Rückseite des Beckens mehr und mehr am Boden aufliegt. Der Oberkörper bleibt aber in Seitenlage!
Finde Deinen Bewegungsrhythmus, und führe die Knie immer wieder in die Ausgangsposition zurück. In welchem Teil der Wirbelsäule spürst Du die Drehung hauptsächlich? Halte die Endposition 5 Sekunden, laß Basisatmung zu und nimm sie wahr. Pause in Rückenlage.

10. Ausgangsposition: Seitenlage rechts. Lege beide Beine angewinkelt aufeinander, um der Beckenregion eine breite Basis und Fixierung zu geben. Winkle beide Arme im Ellbogen an, so daß sich die Fingerspitzen, leicht ineinandergreifend, am Hinterkopf berühren. Die Ellbogen zeigen wie die Knie nach vorne.

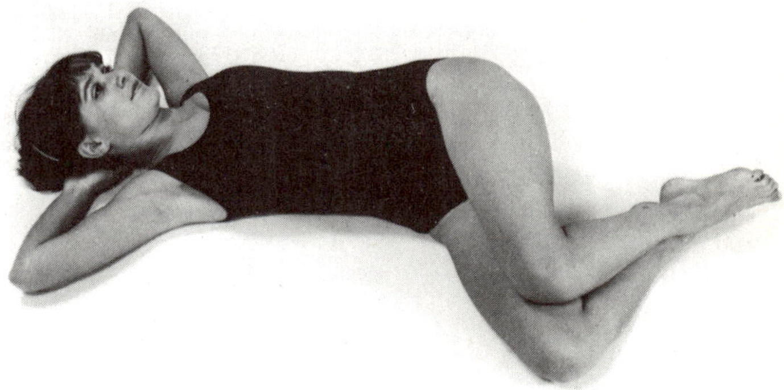

Drehe nun den linken Ellbogen 8–10mal nach hinten Richtung Boden, ohne aber den rechten Ellbogen vom Boden zu lösen.

Kopf und Nacken sollen keinen Widerstand leisten, sondern sich organisch an der Bewegung beteiligen. Die Knie bleiben während der Bewegung am Boden, andernfalls verliert die Übung den Effekt im Oberkörperbereich. Kurzpause.

11. Bleibe in derselben Position, und führe die Drehbewegung nach hinten 6–8mal weiter, bis der linke Ellbogen den Boden erreicht, auch wenn der rechte Ellbogen nun den Boden verläßt und nachkommt.

Kannst Du den linken gebeugten Arm ohne Schwierigkeiten hinten am Boden auflegen? In diesem Fall liegt der ganze Schultergürtel gut am Boden auf. Achte darauf, daß sich der Kopf mitdreht. Halte die Endposition 5 Sekunden, locker und tief durchatmend. Spürst Du die Weite des Brustkorbes, die Atmung der Mitte, Dein Zentrum? Hast Du die Gürtel- oder Mediallinie wahrgenommen, auf der sich die Übungen 9 und 11 treffen? Langpause in Rückenlage.

12. Wiederhole die Übungen 8–11 in Seitenlage links spiegelbildlich.

Entspanne Dich am Ende der Lektion, und konzentriere Dich auf die Atemqualität, den Energiestrom und den Körper-Boden-Kontakt.

Lektion 10

Ausgangsposition: Bauchlage.
Bevor Du mit den eigentlichen Übungen anfängst, versuch einmal die sogenannte »Nest- oder Bogenstellung«. Du streckst die Arme nach hinten und faßt die nach oben gebeugten Beine an den Füßen. (Siehe auch Abbildung zu Übung 12 dieser Lektion; ohne gekreuzte Beine!) Streng Dich aber nicht übermäßig an. Denn am Anfang der Lektion geht alles viel schwerer. Haben die Hände die Füße erreicht? Fiel es Dir leicht oder schwer? Wie hoch haben sich Kopf und Brustkorb vom Boden abgehoben? Blieben Knie und Oberschenkel am Boden liegen, oder waren sie in der Luft? Behalte diesen Bewegungsversuch bis zum Ende der Lektion im Bewußtsein.
Du kannst während dieser Lektion jederzeit Ausgleichsbewegungen oder -stellungen einschalten, wenn Du das Bedürfnis danach hast. Pause.

1. Ausgangsposition: Bauchlage. Die Arme sind gebeugt, die Stirn ruht auf den Händen, und die Beine liegen gestreckt und leicht gegrätscht. Beuge das rechte Knie bis zu einem rechten Winkel, und hebe in dieser Stellung das rechte Bein 5mal vom Boden ab, ohne dabei andere Körperregionen zu Hilfe zu nehmen und anzuspannen. Das linke Bein bleibt gestreckt.

Ging es leicht oder schwer? Wie weit hast Du den Oberschenkel vom Boden abheben können? Lege den rechten Unterschenkel wieder am Boden ab. Pause.

2. Ausgangsposition wie Übung 1. Wiederhole die Bewegung 1 noch 8–10mal, aber achte jetzt darauf, daß das linke Bein bis zu den Zehen gestreckt am Boden liegt.

Denke daran, daß der Oberschenkel im Hüftgelenk mit dem Becken und dem Körper verbunden ist; wenn diese hart und unbeweglich bleiben, verlangt jede Beinbewegung übermäßige und unnötige Anstrengung. Laß also beim Anheben den ganzen Oberschenkel sowie die entsprechende Beckenseite widerstandslos mitgehen, so daß die Bewegungswelle in Lende und Körper dringt. Du kannst die Bewegung noch ein paarmal schneller ausführen, um den Wesensunterschied zwischen Bewegung 1 und 2 bewußter zu erleben. Lege danach den rechten Unterschenkel wieder am Boden ab. Pause.

3. Ausgangsposition wie vorher. Führe die Bewegung 2 weiter, indem das angewinkelte Bein einen hohen Bogen nach links beschreibt. Vielleicht kannst Du gar mit den Zehen den Boden berühren. Probiere dies 5mal. Führe das Bein in großem Bogen hin und zurück, ohne

Kraftaufwand, aber mit Hilfe einer ausgiebigen Beckendrehung. In der Endposition ist das Knie nach oben gerichtet, der Unterschenkel weist zum Boden. Halte die Endposition 5 Sekunden, und konzentriere Dich auf eine tiefe Atmung.

Bis wohin spürst Du die Atemwelle? Atme tief in die gedehnte Leisten-Bauch-Lenden-Gegend. Langpause in Rückenlage. Spüre dem Körpergefühl in der rechten Seite nach.

4. Führe die Übungen 1–3 mit dem linken Bein aus.
5. Ausgangsposition: Bauchlage. Die Beine sind gestreckt oder gegrätscht. Der rechte Arm liegt gestreckt neben dem Körper mit der Handfläche nach oben. Der linke Arm ist gebeugt, so daß die Stirn auf der linken Hand ruhen kann. Hebe nun die rechte Hand in Richtung der Füße, so, als ob jemand zu Deinen Füßen stünde, der Deine Hand erfaßt und zu sich zieht. Du wirst bemerken, wie Arm, Schulter, Brustkorb, Nacken und Kopf nach und nach dieser Handbewegung folgen. Laß den linken Unterarm als Stütze am Boden und achte darauf, daß der Oberkörper keine Dreh-, sondern eine Hochstreckbewegung ausführt. 6mal.

Halte den Nacken beim Anheben in Mittellage, und knicke ihn nicht ab. Wann hast Du ein-, wann ausgeatmet? Das Bewegungsziel dieser Übung ist die Geschmeidigkeit und Öffnung des Brustraumes. Pause.

Wechsle die Armposition, und führe die gleiche Bewegung mit der linken Hand aus. Pause.
6. Ausgangsposition wie Übung 5. Hebe den rechten Unterschenkel vom Boden, bis das Knie im rechten Winkel gebeugt ist. Wiederhole die Bewegung 5–6mal und versuche bei jedem Ziehen, mit der Handfläche die Fußsohle zu berühren.

Mach keine ruckartigen Kraftbewegungen, sondern führe die Bewegung ruhig aus: Dein »inneres Auge« wird die Fußsohle finden, mit der die Hand Kontakt aufnehmen möchte. Halte den Fuß aber nicht »besitzergreifend«. Bei der Zugbewegung dreht sich die Handfläche wie von selbst nach unten und nach dem Fußkontakt wieder nach oben, bis der ganze Arm in der Ausgangsposition am Boden liegt. Pause.

Wechsle die Arm- und Beinposition, und führe die gleiche Bewegung mit der linken Hand aus.

Spürst Du, wieviel biegsamer der Oberkörper jetzt ist und daß er sich leichter vom Boden abhebt? Langpause in Rückenlage mit angewinkelten Beinen. Falls Du Schmerzen im Rücken hast, ziehe als Ausgleichsbewegung die Knie einige Male auf den Bauch.

7. Führe die Bewegung 6 je 3–5mal in der Diagonale aus; das heißt, die rechte Hand berührt den linken angewinkelten Fuß und umgekehrt.

Führe die Hebe-Dreh-Bewegung im Oberkörper ganz parallel mit der Handbewegung aus. Pause.

8. Ausgangsposition wie Übung 6. Versuche den rechten Fuß mit der rechten Hand zu fassen. Halte ihn fest, und hebe gleichzeitig 5mal Oberkörper und Fuß Richtung Decke, als ob Du die Saite eines Bogens spannen wolltest.

Der Arm ist gestreckt, der Fuß nähert sich nicht dem Gesäß, sondern strebt nach oben. Mit der linken Hand kannst Du Dich am Boden abstützen. Pause.

Drehe Dich bei dieser Übung nicht in Seitenlage ab, bleibe in ausgewogener Bauchlage. Achte darauf, in welchem Maß sich Knie und Oberschenkel bei der Anspannung vom Boden abheben.

Führe die gleiche Bewegung mit dem linken Arm und dem linken Bein aus. Pause.
9. Führe nun die Bewegung 8 ebenfalls in der Diagonale je 3–5mal aus. Das heißt, die rechte Hand umfaßt den linken Fuß und umgekehrt.

Fühlst Du den Unterschied zwischen einseitig und gegenseitig gespanntem Bogen? Welcher hält sich leichter im Gleichgewicht? Halte die Endposition 5 Sekunden lang voll Spannkraft und von Atem durchströmt. Probiere einmal, den anderen Arm gleichzeitig auf Schulterhöhe nach vorne in den Raum zu strecken. Das verlangt noch mehr innere Kraft, Disziplin und Gleichgewicht! Langpause in der Ruherolle, danach in Rückenlage.

10. Ausgangsposition: Bauchlage. Versuche jetzt, mit beiden Händen beide Füße zu fassen; grätsche die Beine dabei leicht. Kopf und Oberkörper heben nun 3–5mal vom Boden ab, und zwar mit aktiver Hilfe der Füße, die sich so weit als möglich vom Gesäß entfernen. Oberschenkel und Knie bleiben am Boden.

Halte die Endposition 3–5 Sekunden, mit Konzentration auf das Ich, das Oben.

Atme kräftig und überspann den Nacken nicht. Pause.

11. Gleiche Ausgangsposition, doch bleibt jetzt die Stirn am Boden. Versuche wieder 3–5mal die mit den Händen gefaßten Füße so hoch wie möglich

zu heben. Halte die Endposition 3–5 Sekunden mit Konzentration auf das Unterbewußtsein, das Unten.

Die Arme sind gestreckt, und der Nacken ist lang und entspannt. Wie hoch haben sich die Knie vom Boden abgehoben? Wir sollten uns darin üben, Dinge, Formen, Bewegungen und Entfernungen auch ohne Hilfe unserer Augen spürend zu schauen und zu erfassen. Das stärkt Deine sensitiven Fähigkeiten und gibt Dir Vertrauen in Dich und Deinen Körper. Pause in Ruheposition nach Wahl.

12. Ausgangsposition wie Übung 10. Versuche jetzt die Anfang der Lektion ausprobierte sogenannte »Nest- oder Bogenstellung«. Hebe langsam beide Enden des Bogens, Kopf und Füße, so hoch, bis dieser maximal gespannt ist. Halte mit entspannten Gesichtszügen, reger Atmung, voller Kraft und Energie diese Endposition mindestens 5–8 Sekunden.

Du wirst feststellen, je länger Du in dieser Stellung verbleibst, wie sich verkürzte Muskeln immer mehr dehnen und die Füße noch etwas höher kommen. Wiederhole diese »Bogenstellung« nach einer Ruhepause noch einmal. Achte auf gute Mittelstellung des Nackens. Sicher stellst Du Unterschiede zwischen Anfang und Ende der Lektion fest! Langpause in der Ruherolle.

13. Wenn Dir die Bogenstellung leichtgefallen ist, empfehle ich Dir, eine etwas schwierigere Variante auszuprobieren.

Es handelt sich um genau dieselbe Stellung, nur sind dabei entweder die Arme oder die Unterschenkel gekreuzt. Verbleibe auch hier einige Sekunden in der Endposition.

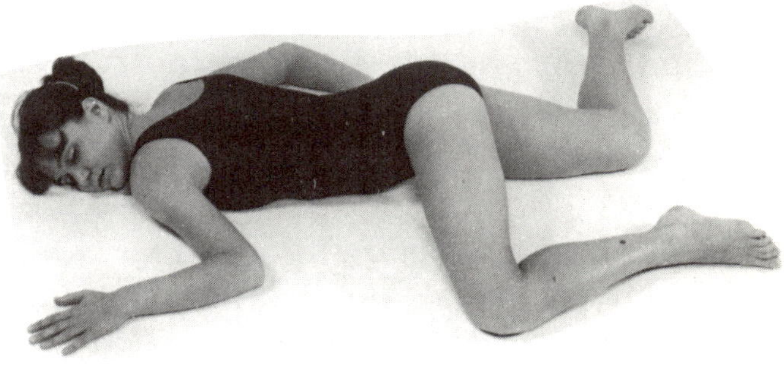

Langpause in seitlicher Entspannungs-position.

Die Lektion kann unter anderem auch als Modell dienen, wie aus dem indischen Hatha Yoga entnommene »Atemstellungen«, die für Europäer oft schwierig scheinen, Schritt für Schritt aber erarbeitet werden können.

Lektion 11

Ausgangsposition: Vierfüßlerstand. Die Arme stehen schulterbreit, die Oberschenkel beckenbreit parallel, im rechten Winkel zum Boden. Der Kopf hängt nicht nach unten, sondern ist, wie bei Vierfüßlern, die gezwungen sind, ihre Umgebung zu überschauen, aufgerichtet. Der Rücken hängt entspannt wie

eine Hängematte zwischen Gesäß und Kopf. Die Füße liegen parallel mit entspanntem Rist am Boden, und die Hände stützt Du parallel, mit leicht geöffneten, nach vorne zeigenden Fingern, auf den Boden. Achte während der Lektion immer wieder auf diese Punkte und korrigiere, falls nötig, diese Ausgangsposition der folgenden Übungen sofort.

1. Ausgangsposition. Lege den rechten Arm diagonal auf den Rücken, so daß der Handrücken auf der linken Außenseite des Gesäßes aufliegt. Ziehe mit den

Fingerspitzen 8–10mal Richtung linkes Hüftgelenk, bis die Bewegung leicht und fließend vor sich geht.

Laß Arm, Schulter und Kopf der Bewegung folgen; der Kopf dreht sich dabei über rechts nach hinten. Pause in der »Ruherolle«.

2. Wiederhole die gleiche Bewegung 6–8mal mit dem Unterschied, daß Du den Kopf während der Ziehbewegung der Hand in die Gegenrichtung nach links bewegst.

Das linke Ohr nähert sich der linken Schulter, wobei die rechten seitlichen Halsmuskeln gedehnt werden. Kurzpause.

3. Wiederhole die Bewegung 1, strecke dabei aber jedesmal das linke Bein nach hinten durch, die Zehen sind auf den Boden gestützt. Bei der Ziehbewegung drehst Du Dich um die Körperachse, die Fingerspitzen nähern sich dem Boden oder berühren ihn sogar. Führe die Bewegung 4–6mal aus, und halte danach die Endposition 3–5 Sekunden, mit Konzentration auf Atmung, Spannkraft und Gleichgewicht.

Der Rumpf soll während des Beinstrekkens an Ort bleiben und nicht mit der Handbewegung nach hinten ausweichen. Wenn sich der Rumpf, anstatt zu drehen, nach links verlagert, verlierst

Du das Gleichgewicht. Der Rücken bleibt locker hängen, und der Kopf ist aufrecht. Langpause in Rückenlage: Vergleiche das Körpergefühl in der rechten und linken Seite; vor allem in Schulter, Arm, Gesicht und Oberkörper.

4. Wiederhole die Übungen 1–3 mit dem linken Arm und dem linken Bein.
5. Ausgangsposition. Drehe den Kopf und das Gesäß gleichzeitig 6–8mal nach rechts, so als ob sie zueinanderkommen wollten.

Es handelt sich um eine kleine Seitbewegung, die Dir nach den vorherigen Übungen sicher leichtfällt. Kurzpause.

6. Wiederhole die Übung 5, und strecke nun gleichzeitig 3–5mal das rechte Bein im 90°-Winkel zum Körper nach rechts. Die Fußsohle stützt Du fest auf den Boden; der Fuß steht parallel zum Rumpf.

Achte darauf, daß Du die Bewegung nicht mit einer Fußstrecke beginnst.

Halte die Endposition, und mach die Seitbewegung des Gesäßes nach rechts noch 5mal. Dadurch wird die Außenkante der Fußsohle gegen den Boden gepreßt. Drücke die Fußsohle fest gegen den Boden, und schiebe das Becken dann 5mal in kleinen Schüben nach rechts. Pause in der »Ruherolle«.

7. Nimm die Endposition von Übung 6 ein, und bewege den Rumpf 6–8mal nach hinten, so daß das Gesäß zur linken Ferse kommt. Die Hände rühren sich nicht vom Platz.
Bleib zum Schluß in der Endposition:

Gesäß auf der linken Ferse, langer Rükken und gestreckte Arme. Vielleicht verschieben sich die Hände etwas. Nun führst Du 5mal die rechte Hand am Boden entlang zum rechten Fuß. Danach faßt Du mit der Hand den Fuß am Fußgelenk oder am Unterschenkel und versuchst, in dieser Endposition voll Spannkraft, aber ruhig und tief atmend 3–5 Sekunden zu verharren und die Atemwelle wahrzunehmen.

Langpause in Rückenlage: Konzentriere Dich auf das Körpergefühl in Beinen und Unterkörper.

8. Wiederhole den ganzen Bewegungsablauf der Übungen 5–7 zur linken Seite hin, mit linkem Arm und linkem Bein.
9. Nimm die Endposition von Übung 6 ein. Hebe den rechten gestreckten Arm 5–8mal nach rechts oben in Richtung

Decke, und begleite die Hand mit Deinem Blick. Achte auf Übereinstimmung von Atem und Bewegung. Halte dann die Endposition 3–5 Sekunden mit Wahrnehmung der Atem- und Innenbewegung. Kurzpause.
Führe die gleiche Bewegung mit dem linken Arm 3–5mal nach links oben aus.

Spürst Du den deutlichen Unterschied zur vorherigen Bewegung? Kurzpause.

Wiederhole die Bewegung 3mal abwechselnd mit dem rechten und linken Arm in gleichmäßig fließendem Ablauf. Pause in Rückenlage.
10. Wiederhole die Bewegungen von Übung 9 mit dem linken gestreckten Bein seitwärts aufgestellt, und beginne mit dem linken Arm.
11. Ausgangsposition. Biege vorsichtig den Kopf nach unten, ziehe gleichzeitig das rechte Knie an und versuche,

3–5mal die beiden Körperpole (Kopf/ Fuß) einander zu nähern und dann in umgekehrter Richtung voneinander zu entfernen.

Atme in der Beugephase aus und in der Streckphase ein, sonst staut sich Dein Atem. Erlebe, wie sich Deine Wirbelsäule abwechselnd nach oben und nach unten biegt, und achte auf die damit zusammenhängende Aktivierung der ventralen und dorsalen Muskulatur. Halte das Knie rechtwinklig gebeugt, wenn Du das Bein hinten hochführst. Kurzpause.

Wiederhole die gleiche Bewegung mit dem linken Bein. Langpause in Rückenlage.
12. Ausgangsposition. Hebe das linke angewinkelte Bein hinten hoch, und halte mit der rechten Hand den linken Rist fest. Spanne 3–5mal diesen Bogen,

indem Kopf und Fuß gleichzeitig voneinander weg und nach unten ziehen. Der Arm, der die Seite des Bogens verkörpert, bleibt durchgestreckt. Kurzpause.
13. In der Endposition 12 hebst Du 3–5mal abwechselnd den Kopf und dann den Fuß Richtung Decke, so daß der gespannte Bogen in eine ruhige Schaukelbewegung gerät wie ein Boot im Meer. Halte zum Abschluß den Spannungsbogen 3–5 Sekunden in der Mittellage, erfüllt von innerer Spann- und Atemkraft. Das Gesicht schaut dabei nach vorne. Langpause in Rückenlage.
14. Wiederhole die Bewegungen 12 und 13 mit der linken Hand und dem rechten Fuß.
15. Ausgangsposition. Begib Dich, ohne die Hände vom Platz zu rühren, in die sogenannte »Ruherolle«. Runde den Rücken 5mal durch Aktivierung der Körpermitte. Das Becken richtet sich auf und kippt nach hinten zu den Fersen.

Die Arme bleiben durchgestreckt, so daß nur die Hände am Boden liegen. Komm auf dem umgekehrten Weg wieder in die Ausgangsposition zurück, und laß auch dabei die Arme gestreckt.

Spüre bei diesem langsamen Bewegungsablauf der Lockerung jedes einzelnen Wirbels nach. Versuche in der Endposition die Stirn auf dem Boden und das Gesäß auf den Fersen ruhen zu lassen. Atme während der Rundung ein und während der Streckung aus, das belebt die Lenden-Rücken-Atmung. Unsere Sitzgewohnheiten und Sitzberufe verursachen zunehmende Verkümmerung der rückwärtigen Atemräume, die sehr wichtig für gute

Haltung und Gesundheit sind. Halte die Endposition 5 Sekunden mit locker durchhängendem Schultergürtel und versuche, die Lenden-Rücken-Atmung wahrzunehmen.

16. Laß in der Endposition 15 die gestreckten Arme dem Boden entlang seitwärts bis zu den Füßen gleiten. Hebe Sie von dort so hoch Du kannst Richtung Decke. Aktiviere Deine Körpermitte während der Rumpfwölbung. Der Kopf bleibt am Boden.

Führe die Arme auf demselben Weg wieder nach vorne zurück, und hebe sie ohne Bewegungsunterbruch gemeinsam mit dem Rumpf kerzengerade in Richtung Decke. Halte beim Aufrichten den Kopf zwischen den Armen, und bleibe wenn möglich auf den Fersen sitzen. Verharre in der aufgerichteten Endposition 3–5 Sekunden: Strahle bis in die Fingerspitzen Energie aus, und blicke nach vorne mit einem Ausdruck von Offenheit und Wachsamkeit. Führe die gestreckten Arme und den Rumpf wieder langsam nach vorne hinunter in die Endposition 15. Wiederhole den ganzen Bewegungsablauf 3–5mal.

Bei diesem extremen Wechsel von In-sich-Gehen und Aus-sich-heraus-Gehen und den Übergängen dazwischen mußt Du die Kraft aus Deiner Mitte schöpfen und unentwegt um diese Mitte pendeln, sonst fällst Du haltlos aus dem Lot. Die Bewegung verlangt ein hohes Maß an Biegsamkeit und Spannkraft, und nicht allen ist das von Anfang an zur Genüge gegeben. Geh den Weg geduldig und mit Ausdauer. Langpause in Ruheposition nach Wahl mit Entspannung.

Lektion 12

Ausgangsposition: Schneidersitz. Die Hände liegen geruhsam auf den Knien. Bevor Du mit den eigentlichen Übungen beginnst, solltest Du erst einmal die horizontale Drehfähigkeit der Wirbelsäule bewußt wahrnehmen, um den Erfolg Deiner Arbeit in dieser Lektion auch schätzen zu können. Drehe den Kopf, nur ihn allein, nach rechts, und behalte im Gedächtnis, was Deine Augen rückwärts sehen konnten und wie weit sich das Kinn drehte. Dann den gleichen Versuch, ohne Anstrengung, nach links.

1. Als erstes kontrollierst Du Deine Haltung in dieser speziellen Position; baue sie wie folgt auf: Konzentriere Dich auf die Wirbelsäule und die damit verbundene Rückenmuskulatur. Richte Dich, von unten ausgehend, Wirbel für

Wirbel auf bis zum Kopf, der mit Blick geradeaus, leicht und fast schwebend zuoberst auf der Wirbelsäule ruht. Richte Dich 5mal auf diese Weise auf.

In der Endposition hängen die Schultern locker nach unten, der Nacken ist lang und der Brustraum weit geöffnet. Drücke die Brust aber nicht nach vorne durch. Merkst Du, wie Du mit aufgerichtetem, ausgewogenem Rumpf guten und sicheren Halt hast? Hast Du durch Druck der Hände auf die Knie bei der Aufrichtung nachgeholfen? Dann probiere nun die Endposition ohne Hilfe der Hände zu halten. Kontrolliere im Laufe der Lektion immer wieder Deine Haltung, und korrigiere sie wenn nötig!
Wenn Du eine Besserung des Ganzen anstrebst, mußt Du Dich auch seinen Teilen widmen. Da wir uns zunächst mit dem Kopf beschäftigen, arbeiten wir demzufolge auch an den bewegungsfähigen Teilen des Kopfes wie Augen, Unterkiefer, Mund und Zunge. Denn jeder einzelne Teil hat seinen Einfluß – positiv oder negativ – auf das Ganze, und dieses wirkt wiederum zurück auf die Einzelteile. Das unterscheidet den Körper als System von einer Maschine.

2. a) Ausgangsposition. Hebe Deine Arme mit locker nach außen angewinkelten Ellbogen hoch, bis die nach oben gestreckten Zeigefinger auf Augenhöhe sind. Die Zeigefinger sind ungefähr 25 cm von den Augen entfernt. Laß nun Deine Augen von einem Zeigefinger zum anderen wandern, 5mal hin und her. Bedecke dann mit den Handflächen die Augen während 3–5 Sekunden, das entspannt die Augenmuskulatur. Wiederhole die Augenbewegung noch 5mal, dann wiederum Augenentspannung.

Du kannst den Abstand zwischen den Fingern so weit vergrößern, daß Du sie gerade noch siehst, ohne den Kopf zu drehen.

b) Die Zeigefinger liegen auf einer Senkrechten, ca. 25 cm von Deinen Augen entfernt, und zwar übereinander, in einer Entfernung, daß Du den oberen gerade noch sehen kannst, ohne den Kopf zu heben, und den unteren, ohne den Kopf zu senken. Wandere nun mit den Augen 5mal nach oben und nach unten zu den Zeigefingern. Dann während 5 Sekunden die Augen bedekken und danach die Augenbewegung noch 5mal.

c) Halte die Zeigefinger auf einer Diagonallinie, ca. 25 cm von Deinen Augen entfernt. Wandere mit den Augen nun 5mal abwechselnd von rechts oben nach links unten und zurück. Bedecke die Augen und wiederhole 5mal. Danach wiederum Augenentspannung und das gleiche in der anderen Diagonallinie.

d) Halte den rechten Daumen ca. 30 cm vor Dein Gesicht, und zeichne mit ihm einen senkrecht liegenden, so großen Kreis, daß die Augen ihm gerade noch folgen können. 3 Kreise in jede Richtung, danach Augenentspannung. Wiederhole dasselbe mit dem linken Daumen. Danach Augenentspannung.

e) Halte den rechten Daumen ca. 20–30 cm vor Deine Augen und versuche, den Daumen nicht zu fixieren, sondern ihn mit jedem Auge einzeln zu sehen. Daß Dir das gelungen ist, merkst Du, wenn Du nicht mehr einen, sondern zwei Daumen nebeneinander siehst. Halte diesen stereoskopischen Blick 5–10 Sekunden. Augenentspannung.

Führe dann den linken Daumen ca. 10 cm hinter den rechten, und versuche nun dasselbe, bis Du vier Daumen siehst. Augenentspannung. Schließlich verschiebst Du den linken Daumen langsam, gradlinig etwas nach links und versuchst wieder den stereoskopischen Blick, bis Du zwischen den wirklichen Daumen einen dritten siehst.

Probiere es 3mal. Augenentspannung. Wiederholung und Augenentspannung.

Hast Du Deine Augen nicht zu sehr angestrengt? Wenn Du diese Übungen regelmäßig wiederholst, stärkst und belebst Du die Augenmuskulatur und damit Deine Sehkraft, und Deine Augen werden weniger schnell müde. Wichtig ist aber, daß Du nur die Augen, nicht aber den Kopf bewegst. Am Anfang sind die Augenbewegungen meist ruckartig, mit der Zeit aber werden sie fließend und gelöst ablaufen. Drehe jetzt noch einmal den Kopf langsam nach rechts und nach links. Stellst Du einen Fortschritt in der Drehfähigkeit fest? Pause in Rückenlage.

3. a) Ausgangsposition. Wechsle aber die gekreuzte Beinhaltung auf die andere Seite. Öffne den Mund so weit als möglich; das heißt, bewege den Unterkiefer 5mal möglichst weit nach unten, ohne dabei andere Teile des Gesichtes zu betätigen. Kurzpause. Wiederhole das 5mal.

Der Kopf bleibt aufrecht, das Gesicht ist entspannt, und die Zunge liegt lokker am Boden des Unterkiefers.

b) Bewege den Unterkiefer bei leicht geöffnetem Mund 5mal kräftig nach rechts und links. Kurzpause. Wiederhole das 5mal. Kurzpause mit Rückenentspannung in der Sitzrolle.
4. Spitze die Lippen, wie wenn Du pfeifst oder ein überdeutliches »O« sagst, ziehe sie dann sofort in die Breite wie zu einem überdeutlichen »I«. Mach das abwechselnd 5mal. Kurzpause. Wiederhole das Ganze 5mal.

Denke daran, welchen Einfluß die Lippen auf den Gesichtsausdruck haben. Welchen Eindruck erwecken verkniffene, entspannte, geöffnete oder gespitzte Lippen?

5. a) Strecke Deine Zunge 5mal heraus in Richtung Kinn; dann 5mal nach oben zur Nase. Kurzpause.
b) Strecke die Zunge weit heraus, und bewege sie abwechselnd 5mal nach rechts und nach links. Kurzpause. 5mal wiederholen. Kurzpause.
c) Strecke die Zunge weit aus dem Mund heraus, und fahre kreisförmig um den Mund herum, 5mal in jede Richtung. Kurzpause.

Drehe nun den Kopf langsam nach rechts und links. Hat sich schon etwas verändert, obwohl Du den Nacken noch nicht bewegt hast? Langpause in Rückenlage.

6. a) Ausgangsposition. Kreuze die Beine wieder auf die andere Seite. Drehe den Kopf in langsam fließender Bewegung und mit abgestimmter Atmung abwechselnd von rechts nach links, 3–5mal in jede Richtung, so als ob Du rückwärts über die Schulter schauen wolltest. Kurzpause.

b) Neige den Kopf, das Gesicht frontal gerichtet, zur Schulter, in langsam fließender Bewegung und Atmung; abwechselnd 5mal von einer Seite zur anderen.

Ziehe dabei aber nicht die Schultern hoch. Kurzpause.

c) Beuge den Kopf mit langgezogenem Nacken langsam 3–5mal nach vorne und dann nach hinten. Kurzpause.
d) Schiebe den Kopf waagrecht 5mal langsam vor und zurück. Die Bewegungsführung liegt beim Kinn.

Diese Übung ist gut gegen Halsfalten. Pause mit Rückenentspannung in der Sitzrolle.

7. a) Ausgangsposition. Bewege beide Schultern gleichzeitig und mit Begleitung des Atems 5mal vor und zurück.

Wann hast Du ein- und wann ausgeatmet? Laß Arme und Hände ganz locker hängen, damit die Schulterbewegung nicht eingeschränkt wird. Halte Kopf und Brustkorb aufrecht und unbewegt. Kurzpause.

b) Bewege die Schultern abwechselnd 5mal wie Waagschalen: die eine nach oben hoch, während die andere nach unten sinkt. Kurzpause.
c) Drehe den Schultergürtel mit locker hängenden Armen abwechselnd 5mal nach rechts und nach links.

Kurzpause. Laß die Schultern während der Bewegung locker entspannt; ziehe sie nicht hoch. Kopf und Brustkorb bleiben fixiert.

d) Wiederhole die gleiche Schulterbewegung 5mal in jede Richtung, und drehe dabei den Kopf gleichzeitig in die Gegenrichtung. Kurzpause.
e) Bewege Augen, Kopf und Schultern gemeinsam 3–5mal abwechselnd nach rechts und nach links, und nimm die Fortschritte in der Kopfdrehung deutlich wahr. Langpause in Rückenlage.

Nach Kopf, Nacken und Schultern kommen wir zum Brustkorb, der erfahrungsgemäß bei vielen Menschen äußerst unbeweglich ist, ohne daß sie sich dessen bewußt sind. Es braucht daher viel Geduld und Konzentration, um ihn losgelöst von Schultern und Kopf zu bewegen. Der Elastizitätsverlust des Brustkorbes und seiner Wirbel kann sich mit der Zeit sehr nachteilig auf Haltung und Gesundheit auswirken. Ob sich tatsächlich nur der Brustkorb, ohne Beteiligung von Bekken oder Schultern, bewegt, ist für die meisten sehr schwer zu kontrollieren. Daher kann Dir ein Spiegel von Nutzen sein. Denk daran, daß die Brustkorbbewegungen durchwegs sehr kleine Bewegungen sind.

8. a) Ausgangsposition. Kreuze Deine Beine wieder auf die andere Seite. Die Hände ruhen auf den Knien. Bewege den Brustkorb, das heißt die Rippenpartie, langsam 5–10mal von Seite zu Seite, so als ob Du einmal die rechten und dann die linken Rippen seitwärts herauswölben möchtest. Kurzpause.

b) Drehe den Brustkorb um seine Achse, 5–10mal nach rechts und nach links, so als ob Du die rechten bzw. die linken Rippen nach hinten drehen möchtest. Kurzpause.
c) Schiebe den Brustkorb abwechselnd 5–10mal vor und zurück.

Pause mit Rückenentspannung in der Sitzrolle.
d) Ausgangsposition. Wechsle wieder die gekreuzte Position der Beine. Nimm die Hände von den Knien. Die Arme sind in den Ellbogen leicht angewinkelt, nach außen gedreht und geöffnet. Wiederhole die Brustkorbdrehung b) gemeinsam mit Schultern und Armen 5mal.

Überlaß die Bewegungsführung ausschließlich dem Brustkorb, und halte dabei das Gesicht frontal. Kurzpause. Beende die Lektion, indem Du die vorausgegangenen Teilbewegungen organisch vereinigst. Teilbewegungen alleine sind niemals das Ziel. Sie werden geübt, um die Ganzheitsbewegung zu verbessern.

e) Ausgangsposition. Die Hände ruhen wieder auf den Knien. Führe die Drehbewegung nun mit dem ganzen Oberkörper 5mal aus. Bewege ganz organisch Kopf, Schultern und Brustkorb wie eine Schraube um die eigene Achse. Auch die Augen gehen mit. Du wirst feststellen, daß sich der Bewegungsumfang und damit Dein Blickwinkel im Laufe der Lektion ungemein vergrößert hat.
Bewege dann den Kopf alleine, ganz spielerisch, 5mal von Seite zu Seite, um zu erleben, wieviel größer der Bewegungswinkel jetzt ist und daß es »wie geschmiert« läuft.

Wenn Du während all der Übungen auf freien Atemfluß geachtet hast, so haben sie Deine Atemkapazität erhöht und die Nervenzentren in den Zwischenwirbelausgängen belebt. Langpause in Rückenlage. Spüre dem Körpergefühl und der Atmung nach.

Lektion 13

Ausgangsposition: Kniestand. Benutze eine weiche Unterlage für Knie und Füße, so kannst Du eventuell auftretende Schmerzen vermeiden. Die Schultern sind weit und locker. Der Kopf ist aufgerichtet und im Gleichgewicht, ebenso das Becken. Mach es Dir zur Gewohnheit, ganz gleich, in welcher Position Du Dich befindest, eine ausgewogene, zentrierte Haltung zu bewahren, aus der heraus Du zu jeder Bewegung fähig bist. Als Vorbereitung zu dieser Lektion empfehle ich Dir, erst einmal Knie und Füße aufzuwärmen und beweglich zu machen.

1. Setze Dich 5mal langsam auf die Fersen, und richte Dich dann wieder auf. Sind Deine Knie »eingerostet«? Dann stütze Dich dabei mit den Fingerspitzen am Boden ab.

Ändere jetzt die Fußposition, indem Du die Zehen am Boden aufsetzt, und wiederhole die vorherige Bewegung noch 5mal.

Wenn Dich die Zehen dabei schmerzen, sei geduldig. Das zeigt, daß sie Bewegung bitter nötig haben.

Wiederhole die Bewegung weitere 6mal, wechsle die Fußposition dabei jedesmal.

Geht es schon leichter und fließender? Pause in der Ruherolle.

2. Ausgangsposition. Strecke das linke Bein zur Seite. Der linke Fuß steht frontal gerichtet auf dem Boden. Spürst Du, wie sich in dieser Beinhaltung Deine Fußsohle stärker wölbt? Richte den Körper bis zum Kopf auf, der Blick ist nach vorne gerichtet, die Arme hängen locker. Versuche wie in Bewegung 1, Dich langsam auf die rechte Ferse zu setzen und wieder hochzukommen.

Wenn es Dir schwerfällt, kannst Du die Fingerspitzen am Boden abstützen. Verzage nicht! Es braucht Zeit und Geduld, bis die vielen verhärteten Fußgelenke wieder beweglich werden.

Wechsle die Position der Beine, und wiederhole die Bewegung 5mal.

Pause in Rückenlage. Schüttle Beine und Füße durch; das entspannt.

3. Ausgangsposition wie Übung 2. Beuge den gestreckten Rumpf nach vorne, ohne in den Fersensitz zu gehen. Führe gleichzeitig den gestreckten linken Arm in der Rumpfverlängerung nach vorne, Handfläche nach unten. Den rechten

Arm streckst Du, Handfläche zur Decke, nach hinten, so wahrst Du das Gleichgewicht. Mach diese Rumpfbeuge 3mal. Wiederhole die gleiche Bewegung 3mal, nun aber mit der rechten Hand vorn und der linken hinten. Versuche, in der Endposition, die Dir leichterfällt, 5 Sekunden zu verbleiben.

Nimm den Charakter der Bewegung wahr: Es ist ein Vordringen in den Raum, ein Hinstreben zu etwas oder jemandem.

Achte darauf, daß der Rücken vom Gesäß bis zum Kopf gleichmäßig durchgestreckt ist und die Beugung nur im Hüftgelenk und der Leiste stattfindet. Pause in der Ruherolle.

Wechsle die Position der Beine und wiederhole die Bewegung. Pause in Rückenlage.
4. Ausgangsposition 2. Wir entwickeln die Bewegung 3 weiter. Beginne wie bei Bewegung 3: linker Arm vorne, diesmal aber mit der Handfläche nach oben, rechter Arm hinten. Beuge Dich aus dieser Position langsam zum Boden, bis

linker Unterarm und Handrücken aufliegen. Gleichzeitig führst Du den rechten Arm gebeugt über den Kopf und blickst nach oben zur rechten Hand. Danach spulst Du die Bewegung rückwärts ab, bis Du wieder in der Ausgangsposition bist. Führe den Ablauf 3mal aus. Es ist eine gleitende, in jedem Moment aber kontrollierte Bewegung. Halte nach der letzten Bewegung 5 Sekunden die Endposition, und atme gut durch.

Der Rücken bleibt während der Bewegung und Haltung gestreckt. Laß die Drehung im Schultergürtel zu, so daß in der Endposition die linke Schulter genau über dem Kopf zur Decke zeigt. Kurzpause.

Wechsle die Position der Beine, und wiederhole die Bewegung mit der linken Hand vorne. Langpause in Rückenlage.
5. Ausgangsposition 2. Nach der Vorwärtsbewegung kommt nun die Seitbewegung: Hebe den rechten Arm seitwärts hoch, und führe ihn bogenförmig über den Kopf nach links. Laß Kopf und

Rumpf widerstandslos mitgehen, bis die Handfläche des linken, locker hängenden Armes den Boden berührt. Wiederhole das 5mal. Der Blick ist während der ganzen Bewegung nach vorne gerichtet. Halte die Endposition 5 Sekunden, und spüre der Dehnung und Atmung auf der rechten Rumpfseite nach. In der Atemstellung schaust Du zur linken Hand am Boden.

Vermeide unnötige ruckartige Bewegungen mit der rechten Hand. Spürst Du, wie sich bei dieser Bewegung das Rückgrat Wirbel für Wirbel lockert? Achte darauf, daß Du nicht in die Vorbeuge ausweichst. Kurzpause.

Dann wiederholst Du, ohne den Stand zu wechseln, die gleiche Bewegung 5mal nach rechts. Die rechte Hand berührt nun aber nicht mehr den Boden, sondern liegt leicht auf dem rechten Oberschenkel und gleitet während der Bewegung dem Bein entlang zum Fuß.

Achte auch hier auf eindeutige Seitbeuge und geraden Rücken. Wie weit gleitet Deine linke Hand das Bein hinab? Pause in der Ruherolle.

Wechsle die Position der Beine, und wiederhole die Bewegung. Langpause in Rückenlage.
6. Ausgangsposition 2. Kombiniere jetzt die Vor- und Seitbewegung zu einer Schraubbewegung: Führe den rechten gestreckten Arm über die Seite nach oben, bis er in der Verlängerungslinie des Rumpfes liegt. Nun drehst Du Kopf und Rumpf nach links, gleichzeitig strebt die Hand hinunter zum linken Bein; Kopf und Rumpf folgen ihr mit einer Drehbeuge. Die rechte Hand liegt am Schluß in der Nähe des rechten Fußes, vielleicht berührt gar das Gesicht das Bein. Wende aber keine Gewalt an! Der linke, gestreckte Arm bewegt sich dabei nach hinten. Wiederhole diesen Ablauf 3–5mal. Halte die Endposition 5 Sekunden bei frei fließender Atmung.

Diese große Bewegung ermöglicht Dir eine entsprechend längere Einatmungsphase. Achte auf Deinen Atemrhythmus. Die Bewegungsführung liegt bei der Hand, laß sie aber nicht »davonlaufen«. Spule den Bewegungsvorgang ganz exakt zurück bis in die Ausgangsposition. Kurzpause.

7. Nun dieselbe Schraubbewegung nach hinten: Führe den linken Arm über die Seite in großem Bogen nach oben, drehe dann Arm, Kopf und Rumpf nach rechts, und beuge Dich rückwärts, damit die rechte, locker hängende Hand in Kontakt mit der rechten Fußsohle kommt und sich vielleicht sogar darauf stützen kann.
Der Kopf folgt der Bewegung, so daß Dein Blick in der Endposition zum rechten Fuß gewandt ist. Der linke Arm ist in Rumpfverlängerung erhoben; er folgt der Schraubbewegung organisch, so daß er in der Endposition in lockerem Bogen über dem Kopf nach hinten hängt. Die Finger zeigen zum Boden. Wiederhole den Ablauf 3–5mal. Bleibe 5 Sekunden ruhig und durchatmend im Spannungsbogen der Endposition.

Halte den Rücken während der Bewegung gestreckt, so daß bei der Rückwärtsbeuge das Gesäß nicht nach hinten ausweicht, sondern nach vorne kippt. So bildest Du vom rechten Knie, dem Rücken entlang bis zu den linken Fingerspitzen einen gespannten Bogen. Pause in der Ruherolle.

8. Wechsle die Position der Beine, und wiederhole die Bewegungen 6 und 7. Langpause in Rückenlage.
9. Ausgangsposition 2. Probiere jetzt die Rückwärtsschraube auf die Seite des gestreckten Beins: Hebe den rechten Arm über die Seite in großem Bogen nach oben, drehe dann Rumpf, Kopf und Arm

nach links, und beuge Dich nach hinten, damit die linke, locker hängende Hand die rechte Fußsohle berührt und sich wenn möglich darauf stützt. Wiederhole den Ablauf 3–5mal, und halte danach 5 Sekunden die Endposition.

Spürst Du einen Unterschied zwischen der Rechts- und der Linksbewegung? Kurzpause.

10. Führe die Übungen 7 und 9 nun 3mal abwechselnd als eine durchgehende, fließende Bewegung aus.

Sind Dir diese Schraubbewegungen schwergefallen? Versuche sie immer wieder, ganz langsam und ohne Gewalt. Habe Geduld mit Deinem Körper, und lerne Deine Möglichkeiten und Grenzen akzeptieren. Schau nicht verbissen auf das Ziel, sondern denke daran, daß der Weg dahin ebenso wichtig ist. Langpause in einer Dir angenehmen Ruheposition.

11. Ausgangsposition wie Übung 1. Die Beine sind leicht geöffnet. Zum Schluß probierst Du nun die vollständige Rückwärtsbeuge: Hebe den linken Arm über vorne hoch, und führe gleichzeitig die rechte Hand rückwärts hinunter zur rechten Fußsohle. Dabei schiebst Du das Becken vor und biegst Dich nach hinten. Die rechte Hand stützt sich auf die Fußsohle, während der linke Arm neben dem Ohr 3–5mal elastisch federnd nach hinten wippt. Halte die Endposition 5 Sekunden.

Achte darauf, daß der Nacken nicht abgeknickt ist. Die federnde Bewegung des linken Armes soll sich bis in Deinen Rücken fortsetzen. Kurzpause.

Wiederhole die gleiche Bewegung mit erhobenem rechtem Arm. Pause in der Ruherolle.
12. Versuche jetzt, beide Hände, eine nach der anderen, auf die Fersen oder besser noch auf die Fußsohlen zu legen.

Das Becken schiebst Du so weit vor, daß sich die Schultern genau über den Füßen befinden. Verbleibe 5 Sekunden in dieser Endposition. Atme kräftig durch, und konzentriere Dich auf den Spannungsbogen von den Knien bis zum Scheitel. Kehre zum Kniestand zurück, und versuche es gleich noch einmal. Begib Dich in die Rückenlage, hebe die Knie auf den Bauch, und fasse mit jeder Hand ein Knie. Hebe auch den Kopf vom Boden ab, und rolle ohne Anstrengung 5mal wie eine Wiege vor und zurück.

Dies ist eine gute Ausgleichsbewegung zu den Übungen mit nach hinten gebogenem Rücken. Entspanne Dich zum Schluß der Lektion in Seit- oder Rükkenlage. Spüre Deinem Körpergefühl nach.

Lektion 14

Ausgangsposition: Rückenlage. Stelle das rechte Bein angewinkelt auf den Boden, das linke liegt, leicht gespreizt, gestreckt am Boden. Die rechte Hand legst Du unter den Kopf, der gebeugte

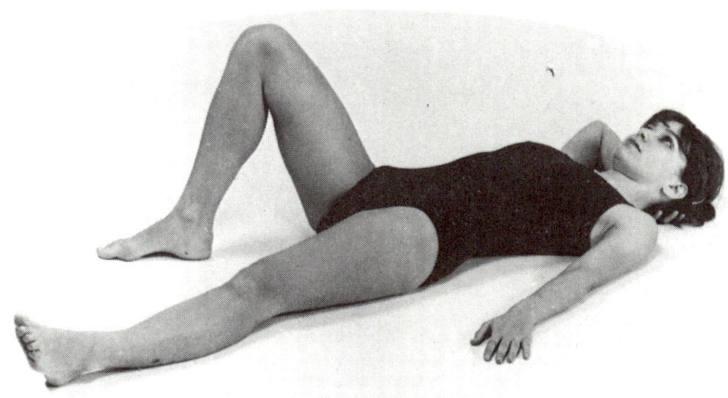

Ellbogen fällt entspannt zur Seite. Der linke Arm liegt, leicht abgespreizt vom Körper, gestreckt am Boden.

1. Hebe das rechte Knie 8mal in Richtung Brustkorb. Stell das angewinkelte Bein nach jeder Bewegung wieder entspannt am Boden auf.

Strenge Dich nicht an, den Kniewinkel zu verkleinern, und laß den Nacken locker liegen. Beachte, wie Becken, Bauch- und Lendenmuskulatur reagieren. Pause.

2. Hebe den rechten Ellbogen, und führe ihn 8mal in Richtung des aufgestellten Beines.

Überdehne den Nacken nicht, sondern laß Kopf, Nacken, Schultergürtel und Brustkorb einfach passiv mitgehen. Die Aktivität kommt aus Deiner Körpermitte. Laß den Ellbogen nach jeder Bewegung wieder entspannt zur Seite fallen. Pause in Rückenlage.

3. Kombiniere Bewegung 1 und 2, so daß sich Knie und Ellbogen 5mal entgegenkommen. Halte die Endposition 5 Sekunden.

Der Atemrhythmus soll sich der Bewegung anpassen. Wo spürst Du den Atem während der Endposition, und wo liegt das Kraftfeld? Pause in Rükkenlage mit bewußter Nachatmung.

4. Wiederhole die Bewegung 1 5mal, beende aber jedes Heben mit einem kräftigen Durchstrecken des Beines nach oben zur Decke hin. Bei der Rückbewegung winkelst Du das Bein wieder an und stellst es auf.

Hast Du Schwierigkeiten, das Bein zu strecken? Das deutet auf verspannte Sehnen und Muskeln. Kurzpause.

5. Wiederhole die Bewegung 2 5mal, und beende die Hebung jedesmal mit einem kräftigen Durchstrecken des rechten Armes nach oben hin.

Strecke den Arm und die Hand bis in die Fingerspitzen. Führe die Hand nach dem Hochstrecken wieder zurück unter den Kopf, bevor Du diesen zum Boden senkst. Kurzpause.

6. Führe die Übungen 4 und 5 5mal gleichzeitig aus, so als ob sich Finger und Zehen oben kurz berühren wollten.

Halte die Endposition, in der die rechte Hand das gestreckte Bein am höchstmöglichen Punkt festhält, 5 Sekunden.

Erzwinge nichts! Die Berührung kann auch an jeder anderen Stelle des Beines stattfinden. Das am Boden liegende linke Bein bleibt gestreckt. Wenn die Übung Hals und Nacken zu sehr belastet, kannst Du mit der linken Hand den Kopf stützen. Langpause in Rükkenlage: Vergleiche das Gefühl in der rechten und der linken Körperseite. Welche ist länger und entspannter?

7. Wiederhole die Übungen 1 bis 6 mit linkem Bein und linkem Arm.
8. Ausgangsposition. Laß das rechte angewinkelte Bein nach außen zum Boden fallen, und ziehe es 6–8mal, ohne übermäßigen Kraftaufwand, am Boden entlang in Richtung Kopf. Führe das als durchgehende fließende Bewegung aus.

Laß die dazu erforderliche Beckenbewegung zu. Kurzpause.

9. Gleite 6–8mal mit dem rechten Ellbogen am Boden entlang Richtung Fuß. Der Kopf bleibt während der Bewegung auf der Hand; Nacken und Brustkorb folgen nach und nach der Ellbogenbewegung.

Der Blick bleibt zur Decke gerichtet, d.h., der Kopf dreht sich nicht ab. Kurzpause.

10. Führe die Bewegungen 8 und 9 3–5mal gleichzeitig aus, so daß sich Knie und Ellbogen am Boden entgegenkommen. Halte die Endposition

5 Sekunden mit aufmerksamer Konzentration auf diese Position.

Wo wirst Du jetzt gestärkt und wo gedehnt? Erinnere Dich an die ähnliche Bewegung 3, und spüre den klaren Unterschied. Pause in Rückenlage.

11. Wiederhole die Übung 8 3–5mal, und schließe jede Bewegung mit einem kräftigen Durchstrecken. Das Bein bleibt dabei am Boden. Kurzpause.
12. Wiederhole die Übung 9 3–5mal, und beende jede Bewegung mit einem kräftigen Durchstrecken des Armes. Kurzpause.
13. Führe die Bewegungen 11 und 12 3–5mal gleichzeitig aus, so daß sich Finger und Bein seitwärts am Boden treffen. Arm und Bein kehren nach jeder Bewegung in die Ausgangsposition zurück. Verbleibe 5 Sekunden in der Endposition, in der die Hand das

gestreckte Bein so nahe am Fuß wie möglich festhält.

Wo spürst Du die Dehnung am stärksten? Welche Atemreaktion hat sich ergeben? Langpause in Rückenlage mit Wahrnehmung des Körpergefühls und Vergleich mit vorher.

14. Wiederhole die Bewegungen 8 bis 13 mit linkem Bein und linkem Arm. Zum Schluß der Lektion Langpause mit meditativer Tiefenentspannung und bewußtem Wahrnehmen der Veränderungen.

Lektion 15

Ausgangsposition: Stehe aufrecht und in ausbalancierter Haltung, die Fersen aneinander, die Füße leicht ausgedreht. Drehe auch Arme und Hände leicht nach außen, so daß die Handflächen nach vorne zeigen. In dieser Haltung ist der Schultergürtel weit geöffnet, die Arme hängen locker etwas vom Körper entfernt ... Beachte, daß Du bei allen nachstehenden Übungen das Knie des Standbeines niemals durchdrückst; das heißt, ganz gleich, ob gestreckt oder leicht gebeugt, das Knie bleibt immer elastisch und locker. Fixiere mit den Augen jeweils einen Punkt im Raum, das hilft Dir, bei den Bewegungen das Gleichgewicht zu wahren.

1. Hebe langsam das linke Knie, bis der linke Oberschenkel annähernd einen rechten Winkel zum Rumpf bildet. Das Gewicht verlagert sich dabei auf das rechte Standbein. Unterschenkel und Fuß hängen locker nach unten, so daß auch das Knie rechtwinklig gebeugt ist. Versuche eine Weile so stehenzubleiben.

Der angehobene Oberschenkel ist analog der Fußposition leicht ausgedreht. Spürst Du Dich über das rechte Bein mit dem Boden verwurzelt? Laß den Atem trotz Konzentration auf das Gleichgewicht ungestört fließen.

Laß das linke Knie wieder lotrecht zu Boden sinken, so daß die Zehen als erste Kontakt mit dem Boden aufnehmen. Wiederhole das Ganze noch einmal mit demselben Bein. Schüttle dann die Beine durch, und wiederhole die Übung 2mal mit dem anderen Bein.

Auf welchem Bein stehst Du besser? Die Arbeit mit dem Gleichgewicht erfordert Konzentration, Ruhe und Gelassenheit. Das gilt für das körperliche wie für das seelische Gleichgewicht! Pause in Rückenlage.

2. Ausgangsposition. Hebe das linke Bein wie in Übung 1, und strecke es dann 5mal aus dieser Position in der Verlängerung des Oberschenkels nach vorne aus. Halte den Rumpf aufrecht, und neige Dich nicht nach vorn. Versuche die Endposition 3 Sekunden zu halten.

Achte darauf, daß das Körpergewicht genau über dem rechten Standbein ist. Welche Muskelgegend wurde bei dieser Übung besonders aktiviert?

Wiederhole die Bewegung noch einmal auf demselben Bein und danach 2–5mal auf dem anderen.

Kurzpause. Beine schütteln und Rumpflockerung durch Überhang nach vorne.

3. Ausgangsposition. Hebe das linke Knie wie in Übung 1. Halte die Arme locker im 45°-Winkel seitlich vom Körper abgespreizt. Bewege nun das angewinkelte Knie 3–5mal nach links außen. Stütze in der Endposition die linke Fuß-

sohle an der Innenseite des rechten Standbeines, nicht unterhalb des Knies, ab, und halte diese Position 3 Sekunden, ausbalanciert und entspannt, ohne das linke Knie nach vorne zu bewegen. Wiederhole das gleich noch einmal auf demselben Bein und danach 2mal auf dem anderen. Langpause in Rückenlage.

4. Ausgangsposition, jedoch mit normaler Arm- und Handhaltung. Hebe die gestreckten Arme über vorne hoch bis neben die Ohren. Strecke Dich von den Zehen bis zu den Fingerspitzen durch, so daß Du von oben bis unten eine kraftvoll gespannte Linie bildest.

Hebe nun das linke Bein hinten hoch; Arme, Kopf und Rumpf senken sich gleichzeitig. Führe das Bein so hoch, bis Du die Horizontallage erreichst. Achte auf das Gleichgewicht, und staue den Atem nicht. Führe diese Bewegung 2mal aus, beim 3. Mal bleibst Du, solange Du kannst, in der Endposition. Kurzpause. Wiederhole die Übung auf dem linken Bein. Pause im Stand.

5. Ausgangsposition wie Übung 4: gestreckt und voll Spannkraft von den Fingerspitzen bis zu den Zehen. Im Gegensatz zu Übung 4, bei der der Bewegungsimpuls vom linken Bein ausgeht, beginnst Du jetzt die Bewegung von den Fingerspitzen her: senke Finger/Hände/Arme; der Kopf bleibt zwischen den Armen;

gleichzeitig hebt sich das linke gestreckte Bein hinten hoch. Führe dieses so weit, bis sich die Fingerspitzen auf den Boden stützen können. Spule die Bewegung auf dem gleichen Weg wieder nach oben zurück, wobei sich der linke Fuß gleichzeitig senkt. Wiederhole die Bewegung 2mal, beim 3. Mal bleibst Du, solange Du kannst, in der Endposition.

Dabei kannst Du Dich mit den Händen am Boden abstützen. Kurzpause.

Wiederhole die Übung auf dem rechten Bein.

Pause. Beine schütteln und Rumpflokkerung durch Überhand nach vorne.

6. Ausgangsposition. Hebe den gestreckten linken Arm über vorne hoch, fast bis zum Ohr. Führe nun das rechte Bein mit angewinkeltem Knie hinten hoch, bis die rechte Hand den Fuß am Rist umfassen kann. Bleibe aufrecht, den Blick nach vorne gerichtet. Wenn Du im Gleichgewicht bist, versuche 5mal mit der rechten Hand den Fuß vom Gesäß wegzuziehen. Dabei bewegst Du gleichzeitig den linken Arm nach hinten.

Spürst Du die Streckung entlang der Rückenlinie? Achte bewußt auf die Ein- und Ausatmung. Diese Übung richtet Dich von Kopf bis Fuß auf. Kurzpause.

Wiederhole dasselbe auf dem rechten Bein. Pause.
7. Ausgangsposition: Endposition der Übung 6: Der linke Fuß ist möglichst fern vom Gesäß. Beuge nun 3mal den

durchgestreckten Rumpf aus dem rechten Hüftgelenk heraus nach vorne in die Horizontale. Dabei wendet sich gleichzeitig die rechte Handfläche dem Gesicht zu, und der Ellbogen winkelt sich an. Versuche, solange Du kannst, in diesem anmutigen, ausgewogenen Spannungsbogen zu verbleiben, ohne den Atemfluß zu unterbrechen. Kurzpause.
Wiederhole die gleiche Übung auf dem rechten Bein. Langpause in Rückenlage.
8. Ausgangsposition. Hebe das linke, bis in die Zehenspitzen durchgestreckte Bein 2–3mal vorne hoch, ohne die aufrechte Vertikalhaltung von Rücken, Nacken und Kopf zu verändern. Halte die Endposition 1–3 Sekunden, und atme ganz bewußt.

Gleichzeitig mit dem Heben des Beins verlagert sich das Gewicht auf das Standbein. Achte darauf, daß Du mit dem Rumpf nicht nach hinten ausweichst. Hast Du die Beugekraft der Leisten- und Bauchmuskulatur wahrgenommen?

Wiederhole die Übung auf dem rechten Bein. Pause.
9. Ausgangsposition. Spreize die gestreckten Arme im 45°-Winkel seitlich vom Körper weg. Führe das linke gestreckte Bein 2–3mal auf der linken Seite hoch in die Seithalte, ohne mit

dem Rumpf nach rechts auszuweichen. Halte dann 1–3 Sekunden die Endposition, und atme gut durch. Kurzpause. Wiederhole die Übung auf dem rechten Bein. Langpause in Rückenlage.
10. Ausgangsposition: aufrechte Normalhaltung mit parallelen Füßen in beckenbreitem Abstand. Führe die gestreckten Arme parallel über vorne hoch, bis sie neben oder hinter den Ohren sind. Gleichzeitig erhebst Du Dich langsam auf die Zehenspitzen. Mach das 2–3mal. Bei der Auflösung der gestreckten Haltung senkst Du die Arme jeweils über die Seite nach unten. Halte 3–5 Sekunden die Endposition, atme gut durch, und genieße die maximale Streckung. Kurzpause und dann gleich noch einmal!

Achte darauf, daß im Zehenstand die Fersen nicht nach außen kippen und daß die Knie senkrecht über der Großzehe/zweiten Zehe stehen. Spreize die Finger, und strecke sie bis in die Spitzen. Wichtig ist, daß Du ganz aufrecht stehst, dabei aber nicht ins Hohlkreuz fällst: Das Becken kippt nicht nach vorne, der Brustkorb soll offen und der Schultergürtel locker und weit sein, während Du geradeaus schaust. Langpause in Rückenlage.

Lektion 16

Ausgangsposition: Rückenlage. Die Beine liegen gestreckt und leicht gespreizt am Boden. Die Arme streckst Du in Schulterhöhe zur Seite. Bevor Du mit den Übungen beginnst, konzentriere Dich auf die Flächen des Körpers, die den Boden berühren, und nimm sie bewußt wahr. Beobachte auch Deinen Atemfluß.

1. Drehe langsam den rechten Arm an Ort um seine Achse, vorwärts und rückwärts 6–8mal. Geh von der Peripherie, dem Daumen, aus, den Du nach vorne und nach hinten drehst.

Versuche bewußt wahrzunehmen, wie groß die Halbkreisbewegung der Hand ist: Bis zu welcher Stelle gelangt der Daumen vorne und bis zu welcher hinten? Bis wohin spürst Du die Bewegung im Körper? Setzt er der Bewegung Grenzen? Bist Du innerhalb dieser Grenzen geblieben, oder hast Du versucht, sie zu überschreiten? Kurzpause.

Wiederhole die gleiche Bewegung mit der linken Hand, und denke noch einmal über die obenstehenden Fragen nach. Pause in Rückenlage.

Bevor wir zur nächsten Übung übergehen, möchte ich kurz ein paar allgemeine Bemerkungen vorausschicken. Armbewegungen verleiten sehr oft dazu, daß sie isoliert vom Körperganzen ausgeführt werden. Das Schultergelenk ist jedoch nicht einfach ein Scharnier, mit dem der Arm am Körper festgemacht ist und dank dem wir den Arm bewegen können. Vielmehr dient dieses zweitgrößte Gelenk als Vermittler, als Bindeglied zwischen Körper und Arm. Es verbindet den Teil (Arm) mit dem Ganzen (Körper), die in gegenseitiger Abhängigkeit stehen: Bewegungen des Armes haben über das Schultergelenk Auswirkungen auf den Körper; genauso werden Rumpfbewegungen über das Schultergelenk an den Arm weitergegeben. Analoges gilt natürlich für die Hüftgelenke.
Um das Ziel einer körpergerechten, natürlichen, ganzheitlichen Bewegung zu erreichen, ist es wichtig, daß Du Dir die gegenseitige Abhängigkeit von Teil und Ganzem immer wieder vor Augen führst. Dies gilt ganz besonders für die nachfolgenden Übungen.

2. Wiederhole die Übung 1, und laß die Armbewegung in den Körper eindringen und umgekehrt den Körper auf jede Armbewegung reagieren.

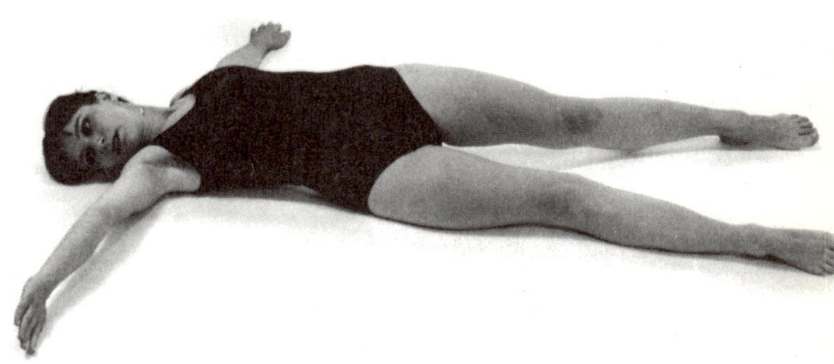

Du wirst erleben, wie Du mit der Armdrehung eine Kettenreaktion auslöst: Ganz langsam werden nach und nach Schultergürtel, Kopf, Nacken, Brustkorb usw. mitgehen. Wenn Du es richtig machst, brauchst Du etwa viermal mehr Zeit. Je mehr Du geschehen läßt, desto leichter geht es und um so größer wird das Bewegungsausmaß der Hand, möglicherweise mehr als 360°.

Nach 5 Bewegungen bleibst Du 5 Sekunden in der Endposition der Drehung nach vorne und dann weitere 5 Sekunden in der Endposition der Drehung nach hinten.

Nimm die Unterschiede der beiden Endpositionen wahr. Kurzpause.

Wiederhole die Übung mit dem linken Arm.

Langpause in Rückenlage. Bis wohin hast Du die Armbewegung im Körper wahrgenommen? Hast Du den Unterschied zwischen der »mechanischen« Bewegung 1 und der »ganzheitlichen« Bewegung 2 gespürt?

3. Führe die Bewegung 2 nun 6–8mal mit beiden Armen gleichzeitig aus, und zwar so, daß die Arme sich in entgegengesetzte Richtung drehen.

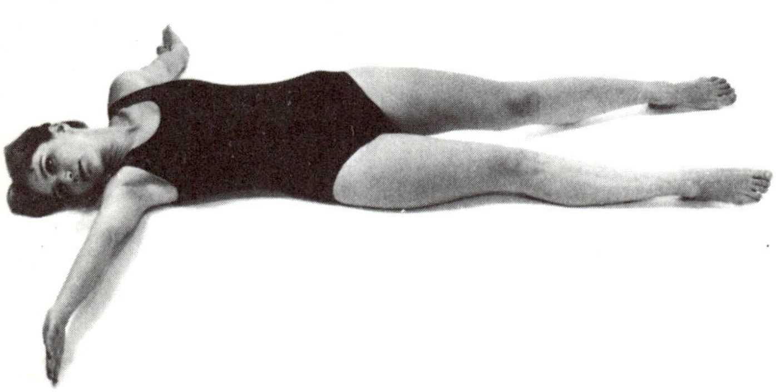

Die Drehung beider Arme führt auch zu größeren Nachfolgebewegungen im ganzen Körper: Wenn Du es geschehen läßt, gerät Dein ganzer Körper von Kopf bis Fuß in einen ruhigen Bewegungsfluß. Pause in Rückenlage.

4. Ausgangsposition. Drehe das rechte Bein 8–10mal um seine Achse nach innen.

Da die objektiven wie die subjektiven Bedingungen in der unteren Körperregion anders sind als in der oberen, möchte ich, daß Du erst nur in eine Richtung arbeitest. Geh bei der Drehung von der großen Zehe aus, die sich nach innen bewegt. Achte darauf, daß Du den Fuß nicht streckst,

sondern ihn in der Normalstellung mit den Zehen Richtung Decke beläßt. Am Ende der Drehung zeigt die Ferse zur Decke. Das linke Bein bleibt dabei gestreckt, sonst beeinträchtigt es die Mitbewegung von Becken und Körperganzem.

Halte die Endposition 5 Sekunden mit freiem Atem. Kurzpause.
Führe nun mit demselben Bein die Drehung nach außen aus.

Gehe hier von der kleinen Zehe aus, die sich nach außen dreht; die Ferse strebt nach oben. Bitte keine Gewalt! Es bestehen deutliche Unterschiede zwischen der Innen- und der Außendrehung.

Halte auch hier 5 Sekunden die Endposition. Führe danach 5mal die Drehung nach außen und nach innen abwechselnd in ruhig fließendem Ablauf aus.

Wenn Du es richtig machst, durchfließt die Bewegung den Körper von den Zehen bis zum Scheitel. Vertraue Deinem eigenen Bewegungs- und

Atemrhythmus. Das ist einer der Wege, die uns zu Gesundheit und Selbstentfaltung führen. Pause in Rückenlage mit Wahrnehmung der Unterschiede zwischen dem rechten und dem linken Bein.

Wiederhole die Bewegung mit dem linken Bein.

Langpause in Rückenlage. Wenn Du das Bedürfnis hast, kannst Du vor der Langpause mit angewinkelten aufgestellten Beinen ein paar Ausgleichsbewegungen machen.

5. Ausgangsposition. Führe die Bewegung 4 mit beiden Beinen gleichzeitig aus, und zwar in langsamem Bewegungsablauf 5mal, abwechselnd nach rechts und links.

Laß die Bewegung ohne jegliche Unterbrechung ablaufen. Wie groß ist der Bewegungsbogen, den die Füße beschreiben? Mach Dir die Unterschiede zwischen der Drehung eines und beider Beine bewußt: Das Bewegungsausmaß eines Beines ist entschieden größer als das beider Beine; ganz so, wie die Bewegungsfreiheit eines einzelnen Menschen größer ist als die zweier zusammenlebender Individuen. Andererseits ist aber das Bewegungsvermögen und das Bewegungsmaß im Becken und Körper, also außerhalb des Beinbereiches, bei der Drehung beider Beine größer als bei der Einzeldrehung; analog dazu sind zwei Menschen gemeinsam im Außenbereich stärker als der einzelne. Pause in Rükkenlage.

6. Ausgangsposition. Wir kehren jetzt wieder zu den Armen zurück: Drehe die Arme gleichzeitig 6–8mal um ihre Achse. Langsam abwechselnd beide Arme nach vorne, beide Arme nach hinten.

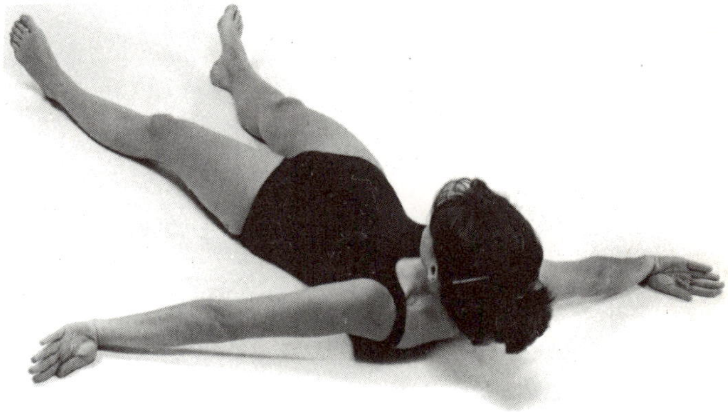

Achte darauf, daß Bewegungs- und Atemrhythmus miteinander harmonieren. In der Endposition beider Richtungen stützen sich die Hände auf die Daumen. Nimm die Bewegung aufmerksam mit dem Körper auf: Bei der Drehung nach vorne hebt der Kopf

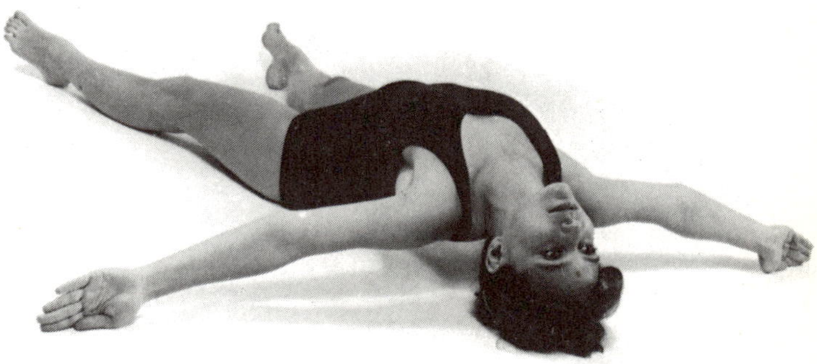

langsam, Nackenwirbel für Nackenwirbel vom Boden ab, ohne daß die Nackenmuskeln sich verspannen. Bei der Rückwärtsdrehung wölbt sich nach und nach die Brust nach oben, und der Kopf rollt über den Hinterkopf ab.

Halte nach einer Kurzpause je beide Endpositionen 3 Sekunden, und mache Dir die unterschiedlichen Atemräume, Körperlagen und Auflagepunkte bewußt.

Langpause in Rückenlage. Vergegenwärtige Dir den Unterschied zwischen der Armbewegung 3 und dieser Übung.
7. Ausgangsposition. Strecke die Füße stark von Dir weg nach unten. Danach beugst Du sie stark nach oben zum Körper hin. Mache das 6–8mal in langsam ablaufender Bewegung.

Konzentriere die Aktivität auf die Füße, bleib aber trotzdem im ganzen Körper locker und bewegungswillig. Welche Körperbereiche nehmen die Bewegung auf?

Halte nach einer Kurzpause die beiden Endpositionen 3 Sekunden, und achte wiederum auf die unterschiedlichen Atemräume, Körperlagen und Auflagepunkte. Langpause in Rückenlage.

Beende die Lektion mit zwei gegensätzlichen Spannungsbogen oder Atemstellungen, zu denen Du durch Kombination der vorherigen Hand- und Fußbewegung gelangst.

8. Ausgangsposition. Strecke die Füße von Dir weg nach unten, und drehe gleichzeitig beide Arme nach hinten. Halte diese Endposition mindestens 5 Sekunden.

Staue den Atem nicht, sondern laß ihn ungehindert fließen und sich ausdehnen. Nimm den Charakter dieser Position ganz bewußt wahr. Spürst Du, wie wenig Berührungsfläche Du mit dem Boden hast?

Danach beugst Du die Füße stark zu Dir hin und drehst gleichzeitig beide Arme nach vorne. Halte auch diese Endposition mindestens 5 Sekunden.

Stelle Dir eine unsichtbare Bogensehne vor, die Zehen und Stirn verbindet. Schöpfe Kraft aus der Mitte, Deinem eigentlichen Kraftzentrum. Löse langsam den Spannungsbogen auf, und finde nach einigen Roll- und Lockerungsbewegungen eine Dir angenehme Ruheposition. Langpause mit meditativer Entspannung und Nachspüren.

Lektion 17

Ausgangsposition: Bauchlage. Der Kopf ruht auf den Händen. Spreize die Beine, und winkle die Knie an, so daß sich die Fußsohlen aneinanderlegen können.

1. Konzentriere Dich auf die Füße, und nimm den engen Kontakt der Fußsohlen wahr, so als ob sie eine unzertrennliche Einheit wären. Bewege diese »Einheit« nun 8–10mal von Seite zu Seite, indem immer einer der Füße den aktiven Bewegungsimpuls auf die Gegenseite gibt.

Das Bewegungszentrum liegt im Fußgelenk, und nur dort. Die Zehen sollen sich aber aktiv beteiligen. Lege dann die Beine wieder gestreckt zu Boden. Kurzpause.

2. Ausgangsposition. Bewege die aneinanderliegenden Füße 8mal nach oben und nach unten. Halte dabei die Unterschenkel ganz ruhig; nur die Füße bewegen sich. Dann läßt Du die Fußeinheit um die Fußgelenke kreisen, 2–5mal in jede Richtung.

Versuche, mit den Zehen möglichst runde Kreise ohne Ecken in die Luft zu schreiben. Die Bewegung soll ganz ruhig fließen. Strecke die Beine wieder aus, und drehe Dich auf den Rücken. Pause: Spürst Du etwas in den Füßen?

3. Ausgangsposition. Der Kopf liegt auf dem Boden mit dem Gesicht nach links. Die Arme ruhen, angenehm angewinkelt, neben dem Kopf am Boden, die Fußsohlen liegen wieder aneinander. Laß nun die linke Fußsohle an der Innenseite des rechten Unterschenkels bis zum Knie entlanggleiten. Wiederhole das 5–8mal, bis der linke Fuß mit Leichtig-

keit jeweils an der Innenseite des rechten Knies am Boden zu liegen kommt.

Wo muß der Körper nachgeben, um die Bewegung ohne Anstrengung zu ermöglichen? Löse die Fußsohle beim Entlanggleiten nicht vom Unterschenkel, den Du aufrecht hältst.

Drehe den Kopf auf die andere Seite, und wiederhole die Bewegung noch 5mal.

Spürst Du Unterschiede zu vorher und, wenn ja, wo? Der Nacken soll während der Bewegung ganz entspannt sein. Pause in Bauchlage.

4. Ausgangsposition wie Übung 3. Das Gesicht schaut nach links. Wiederhole die Bewegung 3 noch 5mal, bewege jetzt

aber den rechten Unterschenkel gleichzeitig nach rechts zum Boden hinunter, möglichst ohne den Winkel im Knie zu ändern.

Verliere den Kontakt zwischen Unterschenkel und Fußsohle nicht.

Verbleibe 5 Sekunden in der Endposition: beide Beine liegen angewinkelt am Boden. Atme gut durch. Drehe dann den Kopf nach rechts, und wiederhole die Bewegung 5mal. Pause in Bauch- oder Seitenlage.
5. Ausgangsposition wie Übung 3. Das Gesicht schaut nach links. Fasse mit der rechten Hand das rechte Fußgelenk. Wiederhole die Bewegung 4 3mal.

Die rechte Hand hilft aktiv mit, den rechten Fuß zum Boden zu führen, und garantiert so gleichzeitig den Winkel im Knie. Wo mußt Du im Körper überall nachgeben?

6. Löse die Hand nicht vom Fuß, sondern bleibe in der Endposition, und ziehe den rechten Fuß, so wie er liegt, behutsam am Boden entlang nach rechts. Das rechte Knie entfernt sich dadurch mehr und mehr vom linken Fuß. Halte dann mindestens 5 Sekunden die neue Endposition.

Bleibe aufmerksam, aber gelöst und entspannt, und laß Dich vom Atem durchströmen. Wo spürst Du kräftige Atemausschläge? Löse langsam den Spannungsbogen, und begib Dich in Rückenlage. Langpause. Nimm mit wachen Sinnen die Unterschiede in den Körperseiten wahr, und zwar auch die Feinheiten.

7. Wiederhole die Übungen 3 bis 6 spiegelbildlich auf der anderen Seite.
8. Ausgangsposition. Das Gesicht schaut nach rechts: Hebe das rechte Knie 5mal

vom Boden ab, ohne die Fußsohlen voneinander zu trennen. Versuche jedesmal ein bißchen höher zu kommen, bis das Knie zur Decke zeigt. Halte diese Endposition 5 Sekunden mit reger Atmung.

Die rechte Hand unterstützt die Bewegung durch Gegendruck auf den Boden. Spüre den Auswirkungen im Lenden- und Beckenbereich nach. Kurzpause in Bauchlage.

Drehe dann den Kopf nach links, und wiederhole die Bewegung mit dem linken Bein.
9. Ausgangsposition. Die Stirne liegt am Boden. Die Hände stützt Du neben den Schultern auf den Boden, so daß die angewinkelten Ellbogen zur Decke zeigen. Hebe nun Wirbel für Wirbel, Kopf, Nak-

ken, Schultergürtel und Brustkorb vom Boden ab. Mache das 5–8mal, jedesmal etwas höher, aber ohne Becken und Leisten vom Boden zu lösen. Kurzpause. Wiederhole die Bewegung noch einmal, und halte dann die Endposition 5 Sekunden bei vollster Aufmerksamkeit, Offenheit und lebendiger Atmung. Dann rollst Du Wirbel für Wirbel zum Boden hin ab. Pause in Bauchlage mit dem Kopf auf der Seite.

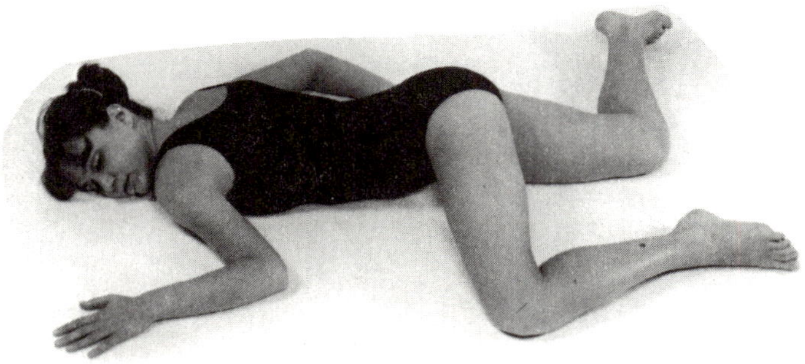

10. Ausgangsposition wie Übung 9. Wiederhole die Bewegung 8, aber drehe beim Heben den Kopf nach rechts, als ob Du über die rechte Schulter hinwegschauen möchtest. Dann rollst Du

wieder ab, bis der Nacken entspannt ist, kommst wieder hoch, drehst dabei den Kopf nach links und schaust über die linke Schulter. Führe das als eine durchgehende, langsam fließende Bewegung 5mal aus.

Die Stirne beschreibt dabei einen Halbkreis von rechts oben über unten, wo sie quasi den Boden streift, bis nach links oben und wieder zurück. Pause in Rückenlage mit angewinkelt aufgestellten Beinen. Wir beenden die Lektion mit Ausgleichsbewegungen und -haltungen:

11. Ausgangsposition: Rückenlage. Die Hände liegen neben dem Körper. Die Beine sind gespreizt und nach außen angewinkelt, so daß die Fußsohlen nahe am Körper aneinanderliegen. Hebe die Beine gemeinsam, so wie sie sind, 5mal in Richtung Bauch.

Nimm die Kraft dazu nicht aus dem Oberkörper, das führt zu Verspannungen. Die Kraft liegt in der Körperbasis! Benütze die Hände als Stütze.

12. Ausgangsposition wie Übung 11. Lege die linke Hand unter den Kopf. Wiederhole die Bewegung 11, hebe aber gleichzeitig mit der linken Hand den Kopf

vom Boden, so hoch, daß die rechte Hand die Zehen ergreifen kann. Führe nun mit Hilfe der Hände 3–5mal die Stirne und das linke Knie zueinander.

Leg den Kopf bei der Rückbewegung nicht jedesmal am Boden ab, geh nur so weit zurück, bis der rechte Ellbogen gestreckt ist. Kurzpause.

Wechsle die Hände, und bewege die Stirne und das rechte Knie zueinander. Pause in Rückenlage.
13. Ausgangsposition wie Übung 11. Hebe gleichzeitig Füße und Kopf, bis die Hände die Zehen fassen können. Beuge die Ellbogen nach außen, und versuche durch Ziehbewegungen der Hände, den Kopf und die Füße einander maximal zu nähern. Halte diese Endposition 5 Sekunden.

Du näherst dabei das Gesicht den Geschlechtsorganen. Schäme Dich nicht, hinzuschauen. Sie gehören ebenso zu Dir wie Dein Gesicht. Spürst Du die Kraftquelle in Deiner Mitte? Halte den Spannungsbogen in lebendiger Ruhe, und atme tief bis in den Becken- und Lendenbereich.

Versuche nach einer kurzen Pause, diese Atemstellung noch einmal einzunehmen. Pause.
14. Begib Dich in die Endposition von Übung 13, und strecke nun Hände und Füße gemeinsam nach oben, ohne den Hand-Fuß-Kontakt zu verlieren. Halte auch diese Endposition 5 Sekunden;

achte darauf, daß Du den Atem nicht staust. Löse die Zentralkraftposition langsam auf.

Zum Schluß der Lektion machst Du eine Langpause in Rückenlage und spürst der Atmung und dem Körpergefühl nach.

Lektion 18

Ausgangsposition: Seitenlage rechts. Winkle beide Knie an, und lege das obere Bein vor das untere am Boden ab. Der Fuß des vorderen Beines und das Knie des hinteren liegen in der Verlängerung des gestreckten Rumpfes. So sicherst Du Dir in der Seitenlage ein gutes Gleichgewicht. Der linke Arm liegt gestreckt auf dem Rumpf, den rechten Arm streckst Du nach oben und legst den Kopf darauf.

1. Konzentriere Dich auf die linke Schulter, und bewege sie 8–10mal fließend nach vorne und hinten.

Die Bewegung hat den Charakter eines Ziehens, Dehnens und Schiebens und kommt nur aus der Schulter. Laß die Hand locker liegen, der Arm geht passiv mit. Kurzpause.

Führe jetzt die gleiche Bewegung in schnellem Tempo leicht und spielend 8mal aus. Pause in Seitenlage.
2. Bewege die linke Schulter 8–10mal fließend nach oben Richtung Kopf und nach unten Richtung Fuß, so als ob Du den Arm verkürzen und verlängern wolltest.

Die Finger gleiten entspannt dem Körper entlang, Oberarm und Ellbogen bleiben locker gestreckt. Kurzpause.

Führe die gleiche Bewegung in schnellem Tempo leicht und spielend aus. Pause in Seitenlage.
3. Verbinde die Übungen 1 und 2, indem Du die Schulter kreisen läßt, ohne Ecken und Unterbrüche. Mache das je 8–10mal in beide Richtungen.

Langpause in Rückenlage. Spürst Du Unterschiede zwischen dem rechten und dem linken Schulterbereich?

4. Ausgangsposition: Seitenlage rechts. Das untere Bein liegt leicht angezogen am Boden. Das obere Bein streckst Du in der Verlängerung des Rumpfes nach unten. Die linke Hand stützt Du vor der Brust auf den Boden, um dem Oberkörper Halt zu geben. Konzentriere Dich auf die linke Hüfte, und bewege sie abwechselnd 8–10mal nach vorne und hinten.

Die Bewegung kommt nur aus der Hüfte ohne aktive Bewegungshilfe des Beines oder anderer benachbarter Körperregionen. Das obere Bein bleibt locker gestreckt. Achte darauf, daß Du nur das Becken, nicht aber die Schultern mitbewegst. Weißt Du eigentlich, wo sich Dein Hüftgelenk befindet? Es ist der Ort am oberen Ende des linken Beines, der an der gegenüberliegenden Seite des Beckens in dieser Position am fühlbarsten aufliegt. Sei geduldig, wenn die Bewegung anfangs sehr begrenzt und unklar ist; es wird sich im Verlaufe der Lektion vieles bessern. Kurzpause.

Wiederhole die Bewegung 8mal in schnellem leichtem Rhythmus. Pause in Seitenlage.
5. Bewege die linke Hüfte 8–10mal abwechselnd nach oben Richtung Kopf und nach unten Richtung Fuß, so als ob Du das Bein kurz oder lang machen wolltest.

Es ist eine Zieh- und Schiebebewegung. Laß den linken Fuß am Boden entlanggleiten. Kurzpause.

Wiederhole die Bewegung 8mal in schnellem leichtem Rhythmus. Pause in Seitenlage.
6. Verbinde die Übungen 4 und 5, indem Du die Hüfte je 8–10mal in beide Richtungen kreisen läßt.

Der am Boden gleitende Fuß beschreibt einen ähnlichen Kreis wie die Hüfte. Langpause in Rückenlage. Welche Unterschiede stellst Du schon nach diesen wenigen Bewegungen zwischen der rechten und der linken Körperseite fest?

7. Wiederhole die Bewegungen 1 bis 6 in Seitenlage links mit rechter Schulter und Hüfte.

Unsere Gliedmaßen, Arme und Beine, die wir sehr oft brauchen, bewegen wir meist isoliert von ihren Wurzelgelenken (Schulter- und Hüftgelenke)! Nimm als Beispiel das Gehen: Die Hände baumeln hin und her, während die Schultern steif und unbeweglich festgehalten werden. Diese so vernachlässigten Wurzelgelenke verkümmern, d.h. verlieren ihre Beweglichkeit, und werden steif. Die Übungen 1–6 sind deshalb als »Wurzelbehandlung« zu betrachten, die Schulter- und Hüftgelenk wieder elastisch und bewegungstüchtig machen und letztlich die Verbindung der Gliedmaßen mit ihren Grundgelenken wieder herstellen. Beachte, wie sich die Bewegungen von Schulter und Hüfte im Verlaufe der Lektion entwickeln; wie viel größer in ihrem Ausmaß, umfangreicher, organischer und leichter sie werden!

8. Ausgangsposition wie Übung 1. Bewege die linke Schulter abwechselnd nach vorn und hinten, und zwar so langsam, daß Schultergürtel, Brustkorb,

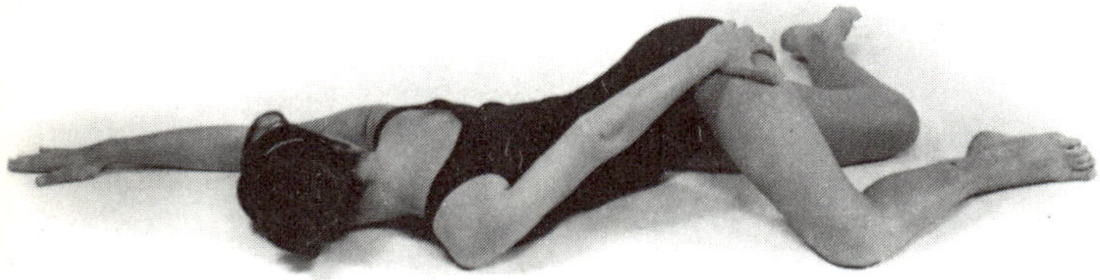

Nacken und Kopf passiv dieser Bewegung folgen können. Mache das 5–8mal, wobei immer die alleinige Bewegungsführung bei der Schulter liegt.

Halte das Becken möglichst fixiert, damit im Oberkörper maximale Beweglichkeit möglich ist. In welchem Maße rollt der Kopf während der Bewegung vor- und rückwärts? Erreicht die linke Schulter vorne den Boden, und kannst Du bei der Rückwärtsbewegung beide Knie bodennah halten?

Halte Deine Endposition der Rückwärtsbewegung 5 Sekunden entspannt und gelassen, und spüre der Frontaldehnung und der tiefen Atmung nach. Pause in Seitenlage.

9. Bewege die linke Schulter wie in Übung 2 6mal in Richtung Füße, und zwar so langsam, daß Kopf, Schultergürtel und Brustkorb dieser Bewegung widerstandslos folgen können. Stütze Dich dabei mit der unteren, rechten Hand auf dem Boden ab.

Empfindest Du den Kopf als leicht oder schwer, wenn er sich von der Unterlage abhebt? Je ganzheitlicher die Bewegung abläuft, desto leichter ist der Kopf. Laß das Gesicht frontal gerichtet, und stimme den Bewegungsablauf auf den Atemrhythmus ab. Kurzpause.

10. Bewege nun die linke Schulter wie in Bewegung 2 6mal in Richtung Kopf, und zwar so langsam, daß der Brustkorb der Bewegung widerstandslos folgen kann.

Der Brustkorb wölbt sich dabei leicht nach oben und hebt sich etwas vom Boden ab, so daß sich ein kleiner Hohlraum bildet. Pause in Seitenlage.

11. Ausgangsposition wie Übung 4. Bewege die linke Hüfte wie in Übung 4 6–8mal vor- und rückwärts, und zwar so langsam, daß Du die Beteiligung von Bauch und Leisten bei der Vorwärtsbewegung und die der Gesäßbacken bei der Rückwärtsbewegung deutlich wahrnimmst.

Das geschieht allerdings nur, wenn Du die Bewegung auf das Hüftgelenk und nicht einfach auf den ganzen Unterkörper konzentrierst. Wie viel größer ist jetzt der Bewegungsweg im Vergleich zu Übung 4? Spürst Du, wie das Bein mit dem Hüftgelenk verbunden ist? Wenn Du es richtig machst, dreht sich der Fuß nach vorn auf die Zehen und nach hinten auf die Ferse. Stütze Dich mit der linken Hand am Boden ab, so daß der Schultergürtel möglichst fixiert bleibt. Pause in Seitenlage.

12. Bewege die linke Hüfte wie in Übung 5 abwechselnd 6–8mal Richtung Kopf und Richtung Fuß, und zwar so langsam, daß Du die Beteiligung der Lendenpartie und den Wechsel von Hohl- zu Rundkreuz bewußt wahrnehmen kannst.

Gleitet der Fuß weiter nach unten als in Übung 5? Und hebt er sich bei der Aufwärtsbewegung sogar vom Boden ab? Langpause in Rückenlage: Nimm die Unterschiede in den Körperseiten wahr.

13. Wiederhole die Übungen 8–12 in Seitenlage links mit rechter Schulter und Hüfte.
14. Ausgangsposition: Seitenlage rechts. Der linke Arm liegt gestreckt auf dem Rumpf, das linke Bein streckst Du in der Verlängerung des Rumpfes nach unten. Rechter Arm und rechtes Bein wie vorher. Bewege Schulter und Hüfte gemeinsam, jedoch in Gegenrichtung 6–8mal abwechselnd vor und zurück.

Ist Dir die Koordination dieser Ganzheitsbewegung gelungen? Nacken und Kopf bleiben locker, der linke Fuß dreht sich um seine Achse. Achte darauf, daß sich die bisher erreichte Bewegungsqualität nicht verringert. Kurzpause.

15. Bewege Schulter und Hüfte gemeinsam, jedoch in Gegenrichtung 6–8mal abwechselnd zueinander hin und voneinander weg.

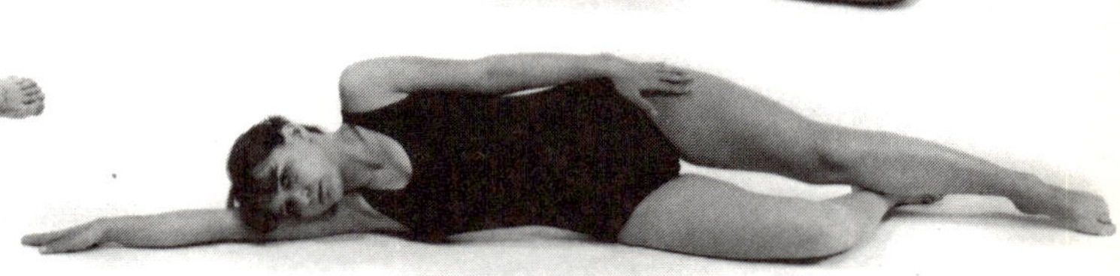

Sei geduldig und aufmerksam, damit Du die gegensätzlichen Endpositionen erreichst. Wann heben sich Kopf und Fuß vom Boden? Wann wird die Taille zum Boden gedrückt, und wann wölbt sie sich nach oben? Kurzpause.

16. Bewege langsam den linken, bis in die Fingerspitzen gestreckten Arm und das linke, bis in die Zehen gestreckte Bein gemeinsam in Gegenrichtung, 6–8mal abwechselnd nach vorne und hinten, und zwar horizontal in Körperhöhe. Langpause in Rückenlage.

17. Wiederhole die Übungen 14–16 in Seitenlage links mit rechter Schulter und Hüfte.

Zum Schluß der Lektion entspannst Du Dich in Rückenlage und spürst dem Bodenkontakt, der Atemqualität und der Innenbewegung nach.

Lektion 19

Ausgangsposition: Orientsitz. Setze Dich mit weit gegrätschten Beinen und in aufrechter Haltung auf den Boden, und winkle die Beine im Knie an. Den rechten Unterschenkel legst Du nach hinten, den linken flach vor Dir auf den Boden, so daß der linke Fuß das rechte Knie berührt. Die Hände ruhen auf den Knien. Dieser Sitz wird im Orient von vielen Menschen eingenommen. Es ist eine sehr angenehme und aufrechte Art des Sitzens. Empfindest Du das

auch so? Vielleicht ist der Orientsitz für Dich neu und ungewohnt. Überprüfe die folgenden Punkte, bevor Du mit den eigentlichen Übungen beginnst und am Ende der Lektion, und vergleiche dann.

a) Liegen beide Gesäßhälften am Boden auf? Wenn ja: Spürst Du auf einer mehr Gewicht? Wenn nein: Welche Seite berührt den Boden nicht?
b) Hast Du in dieser Stellung Probleme mit den Knien?
c) Ist der Rumpf vom Becken bis zum Kopf gradlinig aufgerichtet, oder neigt er sich zur Seite?
d) Hebe die Arme gestreckt nach oben, und probiere mit dieser Armhaltung eine Rumpfbeuge nach vorne zwi-

schen die Knie. Mach das ohne Anstrengung 1–2mal. Wo hast Du Schwierigkeiten?

Wechsle die Beinposition, linkes Bein hinten, rechtes vorne. Sitzt Du jetzt besser? Überprüfe auch in dieser Position die obenstehenden Punkte. Pause in Rückenlage mit Knie- und Beinlockerung.

1. Ausgangsposition. Stütze die linke Hand neben dem Rumpf am Boden auf, die rechte liegt auf dem rechten Knie. Kopf und Rumpf sind aufrecht. Bewege das Becken nach rechts, so als ob Du die rechte Gesäßhälfte bewußt zum Boden drücken möchtest. Hilf dieser Bewegung nach, indem Du Dich mit der linken Hand schubweise sanft am Boden abstößt. Mach das 10mal, bis Du in eine rhythmische Schaukelbewegung gerätst, ohne daß der Oberkörper dabei seine Mittelhaltung verliert.

Wechsle die Beinposition, stütze die rechte Hand auf den Boden, und wiederhole die Bewegung 10mal nach links.

Sei geduldig und aufmerksam bei der Sache. Die Bewegung konzentriert sich auf die Körperbasis, der Oberkörper bewegt sich nicht hin und her. Es geht hier nicht um große, sondern um die Qualität kleiner Bewegungen, die in vernachlässigte Tiefen eindringen. Du belebst mit dieser Übung den Bereich Oberschenkel/Becken/Lendenwirbelsäule und machst ihn beweglich. Doch hartnäckige Versteifungen der Gelenke werden sich erst mit geduldiger Arbeit lösen. Pause in der Ruherolle mit Rückenentspannung.

2. Ausgangsposition. Die linke Hand liegt auf dem linken Knie. Die rechte

Hand faßt den rechten Fuß über dem Rist. Bewege dann das rechte angewinkelte Bein 10mal am Boden entlang nach hinten.

Die linke aufgestützte Hand hilft mit, den Oberkörper während der Bewegung aufrecht zu halten. Weiche mit dem Rumpf nicht zu sehr nach links aus. Welche Gesäßhälfte wird durch die Bewegung zu Boden gepreßt?

Wechsle die Beinposition, und wiederhole die Bewegung 10mal mit dem linken Bein.

Langpause in Rückenlage. Schüttle die Beine durch, und nimm die Nachatmung wahr.

3. Ausgangsposition. Stütze die linke Hand neben dem Rumpf am Boden auf, fasse mit der rechten Hand den linken Fuß am Rist, und hebe 8mal den linken Unterschenkel, aber nur bis zum Knie, vom Boden ab.

Nicht allen gelingt das auf Anhieb. Arbeite mit Körpergefühl, und leiste der Bewegung keinen Widerstand. Das Becken (die Körperbasis) nimmt die Bewegung auf und gerät in leichte Seitwiegebewegungen. Kurzpause.

Hebe nun noch 8mal das ganze Bein mitsamt dem Oberschenkel vom Boden ab.

Welchen Unterschied spürst Du im Bezug auf die Beckenwiege? Der Rücken biegt sich nach hinten, wenn das Bein gehoben wird, und richtet sich wieder auf, wenn Du das Bein zum Boden zurückführst. Das belebt die Bauchmuskulatur. Wann hast Du ein- und wann ausgeatmet? Achte darauf, daß Du den Atemstrom nicht blockierst. Pause in aufrechtem Sitz.

4. Fasse mit der rechten Hand das linke Knie, und ziehe es 10mal nach oben, so daß der linke Fuß auf die Sohle zu stehen kommt.

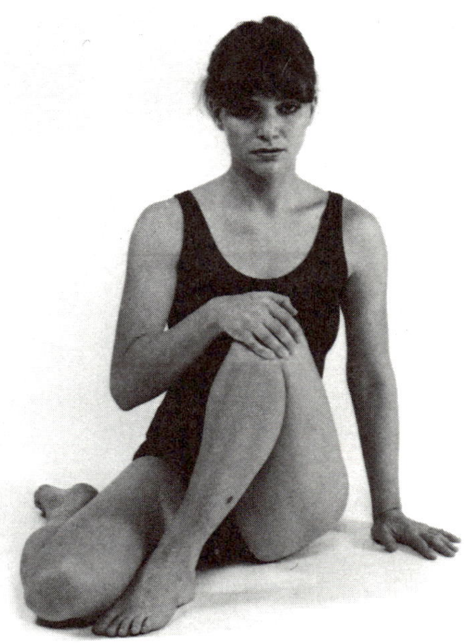

Gib mit dem Körperganzen der Bewegung nach, komm aber jedesmal wieder in die ausgewogene, aufrechte Haltung zurück. Langpause in Rückenlage.

5. Wechsle die Beinposition, und wiederhole die Bewegungen 3 und 4.
6. Ausgangsposition. Die linke Hand ruht auf dem linken Knie. Die rechte Hand faßt den rechten Fuß über dem Rist und dreht den Unterschenkel 10mal nach oben.

Wie hoch läßt sich der Fuß vom Boden abheben? Kannst Du während der Bewegung Kopf und Brustkorb in Mittelstellung halten, oder mußt Du nach links oder vorne ausweichen? Kurzpause.

7. Fasse mit der rechten Hand das rechte Knie, und drehe es 10mal nach oben, so daß der rechte Fuß auf die Sohle zu stehen kommt.

Kopf und Rumpf bewegen sich fast wie von selbst in Gegenrichtung. Laß diese anmutige Ganzheitsbewegung zu, und richte dabei die Wirbelsäule maximal auf. Pause in der Ruherolle mit Rückenentspannung.

8. Wechsle die Beinposition, und wiederhole die Bewegung 5 und 6.

Falls Dir die Stütze der linken Hand auf dem linken Knie bei der Ausführung der Bewegung nicht genügt, kannst Du die Hand auch auf den Boden stützen. Langpause in Rückenlage.

Mit den Übungen 1–8 hast Du an der Beweglichkeit der Körperbasis gearbeitet. Damit ist die Grundlage für die folgenden Rotationsbewegungen der aufgerichteten Wirbelsäule gegeben.

9. Ausgangsposition. Die linke Hand ruht auf dem linken Knie. Der rechte Arm ist etwas vom Körper entfernt, nach unten gestreckt. Drehe den Rumpf

vom Kopf her wie eine Schraube, Wirbel für Wirbel um seine Achse nach rechts. Am Endpunkt angelangt, stützt Du die rechte Hand hinter dem Rücken auf den Boden, um eine noch etwas größere Drehung zu ermöglichen. Mach das 5–6mal, und halte nach der letzten Bewegung die Endposition bei lebhafter Atmung mindestens 5 Sekunden. Konzentriere Dich dabei auf diese kraftvoll aufgerichtete Spiralposition. Kurzpause. Wiederhole die gleiche Bewegung 5–6mal nach links, wobei beide Arme gestreckt nach unten mitgehen. In der Endposition stützt sich die linke Hand hinter dem Rücken und die rechte Hand auf dem linken Knie ab.

Der Rumpf bleibt maximal aufgerichtet. Paß auf, daß Du nicht ins hohle Kreuz fällst und das Knie hochhebst: Das kann zu Verspannungen führen.

Wechsle die Beinposition, und wiederhole die Bewegung 7. Langpause in Rükkenlage.

Überprüfe bei der folgenden Bewegung Kraft und Beweglichkeit der Rumpfbasis im Vergleich zum Beginn der Lektion.

10. Ausgangsposition. Hebe die gestreckten Arme über vorne hoch bis neben die Ohren. Beuge den möglichst

gestreckten Rumpf aus dem Becken heraus 3mal in Richtung linkes Knie. Ein- und Ausatmung gehen mit der Bewegung parallel. Halte die Endposition 5 Sekunden in gestreckter, aber entspannter Haltung.

Kopf und Nacken sind ganz locker. Das Beugen und Aufrichten benötigt einige Kraft im Rumpf.

11. Nach Atemposition 10 richtest Du Rumpf und Arme wieder auf und versuchst, wie Anfang der Lektion, 2–3mal die gestreckte Rumpfbeuge nach vorne zwischen beide Knie.

Übertreibe nicht, sondern führe die Bewegung gemäß Deinen Möglichkeiten aus. Halte die Endposition mindestens 5 Sekunden, und atme gut durch. Welchen Unterschied spürst Du zwischen Anfang und Ende der Lektion? Gelingt Dir der Orientsitz jetzt leichter, und ist er Dir angenehm? Überprüfe jetzt noch einmal die Punkte a–d. Pause mit Rückenentspannung in der Sitzrolle.

12. Wechsle die Beinposition, und wiederhole die Bewegungen 10 und 11.

Langpause in Rückenlage. Entspanne Dich, und spüre der verbesserten Atemqualität und dem Körper-Boden-Kontakt nach.

Lektion 20

Ausgangsposition: Kniestand. Nimm eine weiche Unterlage für Knie und Füße, damit eventuelle Schmerzen vermieden werden. Kontrolliere Deine Haltung: Sind die Schultern weit und locker, und hängen die Arme entspannt nach unten? Sind Kopf und Rücken aufgerichtet und im Gleichgewicht?

1. Als Vorbereitung zu dieser Lektion empfehle ich Dir, erst einmal Knie und Füße aufzuwärmen und zu dehnen: Setze Dich dazu 5mal langsam auf die Fersen, und richte Dich dann wieder auf. Wenn Du dabei Probleme mit den Knien hast, stütze Dich mit den Fingerspitzen am Boden ab. Stelle nun die Zehen am Boden auf, und wiederhole die Fersensitzbewegung noch 5mal.

Wenn die Zehen dabei schmerzen, sei geduldig, sie haben die Bewegung bitter nötig.

Wiederhole die Bewegung noch 6mal, und wechsle dabei die Fußposition jedesmal.
2. Ausgangsposition. Stell den rechten Fuß in Schrittentfernung nach vorn, so daß Unter- und Oberschenkel im rechten Winkel zueinander stehen. Laß das Gesäß 5mal auf die linke Ferse hinunter, bis Du ohne Schwierigkeiten sitzen bleiben kannst.

Der Rumpf bleibt nicht steif, sondern rundet sich weich, ganz allmählich vom Becken bis zum Kopf. In welche Richtung bewegen sich die locker hängenden Arme? Richte Dich nach jeder Bewegung wieder gerade auf, und finde zur Mitte zurück.

Wechsle die Beinposition. Linkes Bein vorne, rechtes auf dem Knie, und wiederhole die Bewegung 6mal. Pause in Rückenlage mit Lockerungsbewegungen für Knie und Füße.

3. Ausgangsposition wie Übung 2. Bewege jetzt Becken und Rumpf 5mal in Gegenrichtung nach vorne zur rechten Ferse hin.

Der rechte Fuß bleibt so gut als möglich am Boden. Der Rumpf ist aufrecht; weiche nicht in die Vorbeuge aus. Der Rücken wölbt sich nun aber nach vorn, und die Arme bewegen sich nach hinten.

Wechsle die Beinposition, und wiederhole die Bewegung 5mal. Pause in der Ruherolle.
4. Ausgangsposition. Führe die Bewegungen 2 und 3 abwechselnd als gleichmäßig fließende Bewegung 3–5mal aus.

Nimm die gegensätzlichen Endpole der Bewegung wahr. Halte die beiden Endpositionen je 5 Sekunden, erlebe bewußt die verschiedenen Charaktere der Positionen und die entsprechende Atmung. Wo ist die Lendenatmung betont und wo Brustatmung?

Wechsle die Beinposition, und wiederhole die Übung. Langpause in Rückenlage.
5. Ausgangsposition 2. Strecke die Arme in der Rumpfverlängerung nach oben. Beuge den Rumpf 3–5mal nach vorne, bis beide Hände flach am Boden liegen.

Laß den Rücken langgestreckt, und führe die Bewegung von der Rumpfbasis her aus. Wann atmest Du ein und wann aus? In der Endposition liegen die Hände rechts und links vom aufgestellten Bein. Halte die Endposition mit lockerem Nacken 5 Sekunden, und achte wieder auf Deinen Atem.

Wechsle die Beinposition, und wiederhole die Übung. Pause im Fersensitz.
6. Ausgangsposition: Endposition von Übung 5. Gleite mit dem linken Fußrükken am Boden entlang nach hinten, bis das Bein möglichst gestreckt ist. Mach das 3mal, bleibe dann in der Endposition, und bewege das Becken 5–8mal federnd zum Boden hin.

Der Kopf ist dabei aufgerichtet, der ganze Rücken geht federnd mit der Beckenbewegung mit, und das linke gestreckte Bein stützt sich auf den Fußrücken. Nimm allfällige Schmerzen in den Zehen wohlwollend an, denn die Beweglichkeit von Rücken und Zehen sind Hauptziel der Übung.

Wechsle die Beinposition, und wiederhole die Bewegung. Langpause in Rückenlage.
7. Ausgangsposition 2. Führe die angewinkelten Arme über die Seite nach oben, bis sie einen anmutigen Bogen um den Kopf formen. Die Hände sind etwa 10 cm über dem Kopf, die Fingerspitzen berühren sich nicht. Achte darauf, daß die Ellbogen weit geöffnet sind, aber drücke sie nicht zu weit nach hinten, sonst fällst Du ins hohle Kreuz! Drehe Arme, Brustkorb und Kopf gemeinsam wie eine aufrechte Einheit 5mal nach links. Kurzpause in der Mittelstellung mit locker hängenden Armen. Dann die gleiche Drehbewegung 5mal nach rechts.

Nach welcher Seite war die Drehung leichter? Achte darauf, daß weder Blick, Kopf noch Ellbogen vorauseilen, sondern sich wirklich ganz parallel bewegen. Der rechte Fuß steht fest am Boden, und auch das rechte Knie bewegt sich nicht von der Stelle. Pause in der Ruherolle.

8. Ausgangsposition wie Übung 7. Führe die Bewegung 3–5mal abwechselnd nach rechts und links als gleichmäßige einheitliche Bewegung aus. Halte nach dem letzten Mal die Endpositionen je 5 Sekunden auf beide Seiten, und kontrolliere dabei bewußt Atmung und Ausdruck. Pause im Fersensitz.
Wechsle die Beinposition, und wiederhole die Bewegungen. Langpause in Rückenlage.
9. Ausgangsposition wie Übung 7: Wiederhole die Rumpfdrehung nach links, und versuche nun, ohne Bewegungsunterbruch, eine Rumpfbeuge aus dem Becken heraus. Mach das 3–5mal und danach dasselbe nach rechts.

Auf welche Seite fällt Dir die Bewegung schwerer? Achte darauf, daß sich Hände, Kopf und Rumpf gleichzeitig bewegen. Führe die Übung Deinem Bewegungs- und Atemrhythmus gemäß aus.

Wechsle die Beinposition, und wiederhole die Übung auf beide Seiten. Pause in der Ruherolle oder im Fersensitz. Wenn Du Lust und Kraft hast, kannst Du die Bewegungen 8 und 9 kombinieren und in einem fließenden Rhythmus als eine ausdrucksstarke Bewegung ausführen.
10. Ausgangsposition wie Übung 2. Hebe die Arme über vorne hoch, und führe sie dann weiter nach hinten, so daß sich der Rumpf nach hinten biegt. Kehre dann, ohne Unterbruch, auf demselben Weg wieder zurück, bis die Hände den Boden berühren. Dabei beugt sich der Rumpf nach vorne. Während Du die Handrücken am Boden entlang bis unter das Gesäß gleiten läßt, gehst Du langsam hinunter in den Fersensitz. Führe diesen Ablauf 2mal als fließende Bewegung aus. Beim dritten Mal bleibst Du 5 Sekunden in der Endposition eingerollt und konzentrierst Dich auf Deinen Atem.

Kopf und Nacken setzen den Rückenbogen harmonisch fort. Der Atemrhythmus paßt sich der großen Bogenbewegung an. Hättest Du am Anfang der Lektion eine solche Geschmeidigkeit und Gelassenheit Deines Körpers erwartet? Langpause in einer Dir angenehmen Ruheposition mit bewußter Wahrnehmung der Innenbewegung, der Atmung und Dir als ganzem.

Lektion 21

Ausgangsposition: Rückenlage. Bleibe 1 Minute ruhig liegen, und kontrolliere die Flächen des Körpers, die mit dem Boden Kontakt haben. Der rechte Arm liegt neben dem Körper, während der linke seitwärts gestreckt am Boden liegt; Handfläche am Boden. Das linke

Bein ist gestreckt. Hebe das rechte Bein angewinkelt hoch, so daß sowohl Oberschenkel zum Rumpf als auch Oberschenkel zum Unterschenkel im rechten Winkel stehen.

1. Drehe den rechten Unterschenkel 10mal auf Kniehöhe horizontal nach rechts außen. Oberschenkel und Knie bleiben möglichst aufrecht als Bewegungsachse, um die sich der Unterschenkel dreht.

Geht es nicht? Dann ist das ein Zeichen, daß Dein Körper Widerstand leistet. Die aktivierende Bewegungskonzentration liegt in der Peripherie, im rechten Fuß: Er führt die Bewegung aus. Horche in Deinen Körper hinein, und laß dort jede Bewegung zu, die die Fußbewegung unterstützt. Lerne durch die Arbeit am Körper, Dir das Leben leichter zu machen. Spürst Du die Hauptstützpunkte des Körpers während der Bewegung? Sie liegen in der linken Ferse und der rechten Hand. Welche Körperteile kommen in Bewegung, und welche lösen sich vom Boden? Mach diese Bewegung langsam und aufmerksam. Halte dann die Endposition während 5 Sekunden, ohne den Atemfluß zu stauen. Pause in Rückenlage.

2. Ausgangsposition: Wechsle die Armposition: linker Arm neben dem Körper, rechter Arm seitwärts ausgestreckt. Drehe den rechten Unterschenkel wie in Übung 1, nun aber 10mal nach links innen.

Wo bewegt sich der Körper, und wohin? Kopf und Nacken sind locker und bewegungsempfänglich. Sei Dir der Körpermitte und des Kraftzentrums bewußt. Halte die Endposition 5 Sekunden, ohne den Atemfluß zu stauen. Pause in Rückenlage.

3. Ausgangsposition: Beide Arme liegen in einem Winkel von 45° zum Körper. Führe jetzt Bewegung 1 und 2 abwechselnd ohne Unterbrechung 5mal als einheitlich fließende Bewegung aus, und erlebe die Ganzheitsbewegung des Körpers.

Langpause in Rückenlage: Mache Dir die Veränderungen in Körper und Atmung bewußt.

4. Wechsle die Beinposition, und wiederhole die Übungen 1–3 mit dem linken Bein.

Beachte die verschiedenen Armpositionen.

5. Ausgangsposition: Rückenlage. Stelle das rechte Bein angewinkelt am Boden auf. Das linke Bein bleibt gestreckt am Boden. Hebe den rechten Arm wie vorher, das Bein ist rechtwinklig nach oben gebeugt. Die Hand zeigt Richtung Kopf, Handfläche zum Boden. Drehe nun den rechten Unterarm 10mal nach rechts außen, aber achte darauf, daß der Oberarm als Drehachse aufrecht bleibt.

Überlaß die Bewegungsführung der bis in die Fingerspitzen gestreckten Hand, und folge dem Bewegungswunsch des Körpers, bis eine ganzheitliche harmonische Bewegung entsteht. Pause in Rückenlage.

6. Ausgangsposition wie Übung 5. Drehe den rechten Unterarm 10mal nach links innen.

Wo hat sich der Körper in der Endposition rechts und wo in der links vom Boden abgehoben? Hast Du den unterschiedlichen Ausdruck der beiden Bewegungen wahrgenommen? Pause in Rückenlage.

7. Führe jetzt die Übungen 5 und 6 abwechselnd 5mal ohne Unterbrechung als einheitlich fließende Bewegung aus.

Folge Deinem persönlichen Bewegungs- und Atemrhythmus. Pause in Rückenlage.

8. Wechsle die Beinposition, und wiederhole die Übungen 5–7 mit dem linken Arm.

9. Rückenlage. Hebe jetzt das rechte Bein und den rechten Arm wie in den vorherigen Übungen nach oben. Stell Dir

eine waagrechte Linie vor, die von den Fingerspitzen über den Unterarm und den Unterschenkel bis zu den Zehen führt. Das linke Bein liegt gestreckt am Boden, der linke Arm in einem Winkel von 45° ebenfalls gestreckt neben dem Körper. Drehe jetzt gleichzeitig den rechten Unterschenkel und den rechten Unterarm nach rechts außen.

Achte darauf, daß Oberschenkel und Oberarm (die Bewegungsachsen) aufrecht bleiben. Die vorgestellte Linie krümmt sich zum Bogen, indem sich Zehen und Finger außen nähern. Die aktive Bewegungsführung liegt bei Hand und Fuß, der Körper wie auch die Atmung folgen ohne willentliches Dazutun dieser Bewegung. Je mehr Du geschehen läßt, desto mehr geschieht. Welche Körperseite löst sich vom Boden?

Nach 8–10 Wiederholungen versuchst Du die Endposition 5 Sekunden zu halten: Erlebe bewußt den Spannungsbogen und die spezifische Atmung. Pause in Rückenlage.

10. Ausgangsposition 9. Bewege jetzt gleichzeitig 8–10mal den rechten Unterschenkel und den rechten Unterarm nach links innen. Halte die Endposition 5 Sekunden, und vergleiche die unterschiedlichen Kraftzentren dieser und der vorigen Endposition. Pause in Rückenlage.

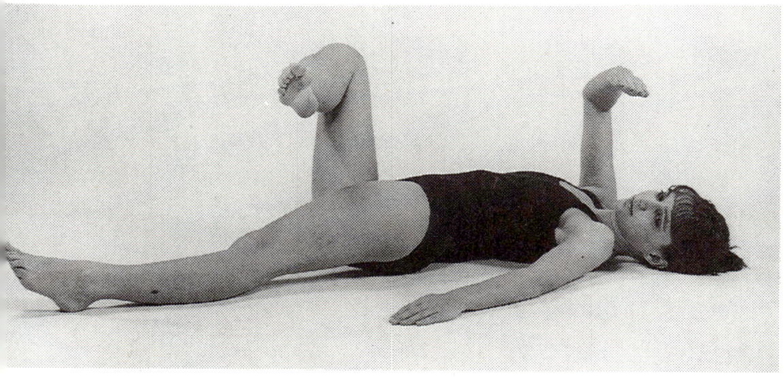

Du bist jetzt so weit, daß Du eine ganzheitliche Bewegung ausführen kannst, was ohne geduldige Vorarbeit kaum möglich gewesen wäre.

11. Ausgangsposition wie Übung 10. Du kombinierst Übung 9 und 10: In fließendem gleichmäßigem Bewegungsstrom drehst Du den rechten Unterschenkel und den rechten Unterarm gemeinsam 5mal nach innen und außen.

Die Bewegung soll den ganzen Körper durchdringen. Auch der Kopf ist ganz leicht und folgt der Bewegung mühelos. Langpause in Rückenlage mit intensiver Wahrnehmung des Körpergefühles und der Unterschiede in den Körperseiten.

12. Um den Unterschied zwischen vorbereiteten und unvorbereiteten Bewegungen zu erleben, führst Du die letzte Bewegung 11 1–3mal auf der linken Seite aus. Dann wiederholst Du die Übungen 9–11 mit dem linken Bein und dem linken Arm und baust die ganzheitliche Bewegung wieder Schritt für Schritt auf.

Lektion 22

Ausgangsposition: Stand. Stehe aufrecht, die Beine etwa beckenbreit, die Füße ganz parallel, frontal gerichtet. Diese Fuß-Bein-Haltung kann für Dich so ungewohnt sein, daß Du sie während der Lektion immer wieder regulieren mußt. Die parallele Fußstellung sollte Dir auch beim Gehen zur Gewohnheit werden, denn nur in dieser Stellung ruht das Körpergewicht auf dem ganzen Fuß. Das ermöglicht Dir eine ausbalancierte, aufrechte Haltung. Kontrolliere Deine Haltung, wenn nötig, nach Anleitung in Lektion 8.

1. Ausgangsposition: Stand. Gehe locker durch den Raum, und nimm den Kontakt zwischen Boden und Fußsohlen wahr. Versuche diese Empfindung bis zum Ende der Lektion nicht zu vergessen. Bleibe stehen, und achte wieder auf den Boden-Fußsohlen-Kontakt.
2. Verlagere das Körpergewicht 10mal von einem Fuß auf den anderen.

Achte darauf, daß sich an der aufrechten Haltung nicht das geringste ändert. Das Gewicht wird vom Standbein senkrecht aufgenommen, wobei sich das Knie leicht nach vorne beugt. Die andere Fußsohle verläßt den Boden nicht, nur das Knie streckt sich weich durch. Die Bewegung fließt ohne Anstrengung, wie ruhig pendelnde Waagschalen. Der Atem paßt sich der Bewegung an. Der Blick ist frontal gerichtet.

3. Ausgangsposition. Verlagere das Körpergewicht auf den rechten Fuß. Bewege die Fußsohle 8mal wie eine Walze von der Außenkante zur Innenkante und umgekehrt.

Nimm eventuelle leichte Schmerzen geduldig an, sie zeugen davon, wie notwendig die Fußarbeit ist. Kurzpause im Stand.

4. Ausgangsposition mit Gewichtsverlagerung auf den rechten Fuß. Rolle die rechte Fußsohle 8mal von der Ferse zu den Zehenspitzen und umgekehrt am Boden ab.

Das ist schon komplizierter, denn um den starken Druck nicht abzuschwächen und nach links auszuweichen, mußt Du die Bewegung ganz gelassen mit der rechten Beckenseite begleiten. Während der Rückbewegung streckt sich das Bein, und das Gewicht liegt auf der Ferse. Langpause in Rückenlage.

5. Ausgangsposition wie Übung 4. Hebe die rechte Ferse vom Boden ab, so daß das Gewicht auf den Zehen lastet. Rolle den Fuß 8mal von der kleinen zur großen Zehe und umgekehrt am Boden ab.

Der Körper bewegt sich hin und her; das Gewicht bleibt konstant über den Zehen, wohl aber begleitet das rechte gebeugte Knie die Bewegung. Kurzpause im Stand.

6. Ausgangsposition wie vorher. Hebe die Zehen des rechten Fußes so hoch wie möglich vom Boden ab, so daß das Gewicht auf der Hinterseite der rechten Ferse lastet. Rolle die Ferse in kleinen, runden Kreisbewegungen in beide Richtungen 8mal am Boden ab.

Spürst Du, daß die rechte Hüfte und das Gesäß mitgehen? Achte auf ganz weiche Knie! Pause im Stand: Beuge den Rumpf in Mittelstellung nach vorn, und laß ihn locker hängen, die Knie geben dabei etwas nach. Mach das nach kurzer Unterbrechung gleich noch einmal.

7. Ausgangsposition wie vorher. Hebe die Innenkante der rechten Fußsohle vom Boden ab, so daß das Gewicht auf der Außenkante lastet. Rolle die Außenkante 8mal von der kleinen Zehe bis zum hinteren Teil der Ferse und umgekehrt am Boden ab. Führe die gleiche Bewegung an der Innenkante längs der Fußwölbung aus, ohne einen Punkt zu überspringen. Kurzpause im Stand mit Beinlockerung.

8. Ausgangsposition wie vorher. Hebe die rechte Ferse vom Boden ab, so daß das Gewicht auf den Zehen lastet. Rolle den Vorderfuß in Kreisbewegungen über Zehen und Fußballen am Boden ab. Mache diese Übung in beide Richtungen 4mal.

Pause in Rückenlage. Was spürst Du im rechten Fuß?

9. Ausgangsposition wie vorher. Beende diese Fußreflexzonen-Massage mit einer Rollkreisbewegung der ganzen Fußsohle am Boden. Mache das 4mal in beide Richtungen ohne Ecken und Kanten.

Stehe dann ganz ruhig mit geschlossenen Augen in Mittelstellung, und richte die ganze Aufmerksamkeit auf den Kontakt der Füße mit dem Boden. Welcher Fuß steht auf der größeren Fläche? Welcher Fuß sinkt quasi in den Boden hinein und ist mit ihm verwurzelt? Welcher Fuß ist vitaler, belebter, gehört mehr zu Dir? Beuge Dich dann vom Kopf her, Wirbel für Wirbel, nach vorne, mit entspannt hängenden Armen und locker gebeugten Knien. Verbleibe ruhig atmend in dieser Rumpfbeuge. Welche Hand ist dem Boden näher? Welche Schulter hängt entspannter? Richte Dich langsam auf. Danach Langpause in Rückenlage: Spüre nach, welche Wirkung die Fußsohlenbewegung auf Atmung, Gesichtsmuskulatur, Hände, Finger usw. hatte.

10. Wiederhole die Bewegungen 1–8 mit Gewichtsverlagerung auf das linke Bein und mit dem linken Fuß.

Vergleiche danach die Qualität des Gehens sowie den Fuß-Boden-Kontakt. Langpause in Rückenlage.

Lektion 23

Ausgangsposition: Seitenlage rechts. Beide Beine liegen angenehm, im Knie und Hüftgelenk angewinkelt, übereinander. Der untere, rechte Arm ist unter dem Kopf in Körperverlängerung gestreckt, während der obere, linke mit der flachen Hand vor der Brust auf den Boden gestützt ist.

1. Drehe das linke Bein angewinkelt nach oben, und stelle den Fuß hinter das rechte Knie auf den Boden. In der Endposition zeigt das linke Knie zur Decke. Führe das Bein jedesmal auf demselben Weg wieder in die Ausgangsposition zurück. 8mal.

Spürst Du, wo Du nachgeben mußt, damit die kleine Bewegung mit Leichtigkeit abläuft? Kurzpause.

2. Hebe das linke Bein, drehe dabei den Unterschenkel nach oben, und stelle das linke Knie vor das rechte. Der Fuß zeigt in der Endposition zur Decke. 8mal.

Wo mußt Du nachgeben, damit der Bewegungsbogen mit Leichtigkeit zustande kommt? Kurzpause.

3. Führe die Übungen 1 und 2 5mal abwechselnd als gleichmäßig fließende Bewegung aus. Hinten berührt die Fußsohle und vorne das Knie ganz weich den Boden.

In welchem Teil des Rumpfes spürst Du diese große Bogenbewegung? Der Oberkörper bleibt fixiert, aber ohne Verspannungen. Pause in Rückenlage: Nimm das Körpergefühl in Gesäß und Beinen wahr.

4. Ausgangsposition. Winkle beide Arme im Ellbogen an, der rechte liegt unter, der linke parallel dazu über dem Kopf. Die Hände sind hinter dem Kopf, die Ellbogen frontal nach vorne gerichtet. Drehe den linken angewinkelten Ellbogen nach oben und von dort nach

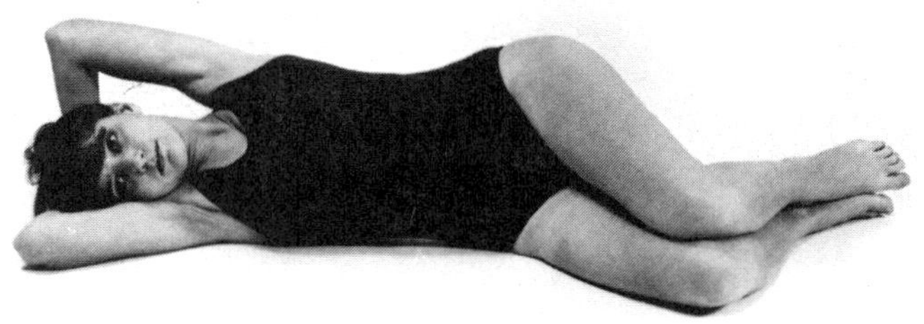

hinten, und versuche, die Handflächen hinter dem Nacken, noch besser hinter der Schulter, am Boden aufzulegen. Der Ellbogen zeigt in der Endposition zur Decke. 8mal.

Wo mußt Du nachgeben, damit Kopf und Nacken sich nicht nach hinten mitdrehen, sondern mehr oder weniger frontal gerichtet bleiben? Übe ganz geduldig; vielleicht findest Du beim ersten Mal den Boden nicht, beim zweiten Mal berühren schon die Fingerspitzen und dann die ganze Hand den Boden. Du kannst dazwischen pausieren und dann beliebige Male wiederholen. Vergiß nicht, den Arm jeweils zu heben. Kurzpause.

5. Ausgangsposition 4. Hebe den linken angewinkelten Arm, drehe dabei den Unterarm nach oben, und stelle den Ellbogen vor der Brust auf den Boden. In der Endposition zeigen Unterarm und Hand in Richtung Decke. 8mal.

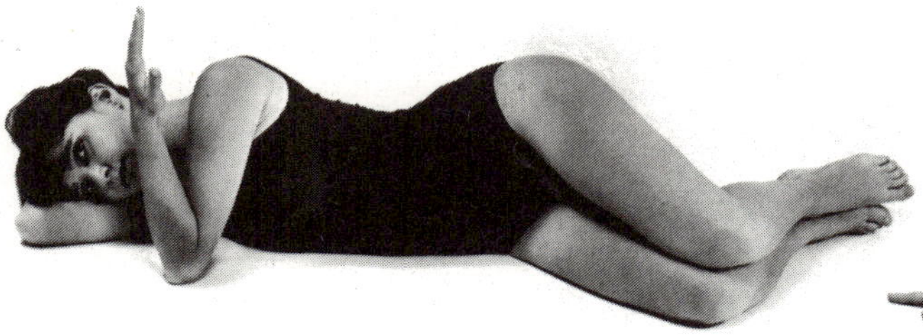

Bleibe bei den Bewegungen niemals zu lange an einem Punkt, damit sich der Atem nicht staut. Leiste im Kopf-Nacken-Bereich keinen Widerstand, und lasse Körperbasis und Beine unbeteiligt an Ort ruhen. Kurzpause.

6. Führe nun die Übungen 4 und 5 abwechselnd 5mal als gleichmäßig fließende Bewegung aus.

Achte darauf, daß Du die Bewegung wirklich sauber zu Ende führst, d.h., die Hand berührt so weit hinten wie möglich und der Ellbogen vorne den Boden. Der Schulterbereich sollte sich ganz locker bewegen. Pause in Rückenlage. Welche Schulter liegt näher am Boden? Fiel Dir die Bein- oder die Armbewegung leichter?

7. Ausgangsposition wie Übung 4. Versuche jetzt die Übungen 3 und 6 gleichzeitig als einheitliche Bewegung 5mal auszuführen.

Führe die Vor- und Rückwärtsbewegung lebendig und mit persönlichem Charakter aus. Was drücken die Bewegungen aus? Kurzpause.

8. Ausgangsposition. Der untere rechte Arm ist wieder in Körperverlängerung unter dem Kopf gestreckt. Führe die Übungen 3 und 6 gleichzeitig 5mal als einheitliche Bewegung aus. Diesmal bewegen sich jedoch Arm und Bein in gegensätzlicher Richtung.

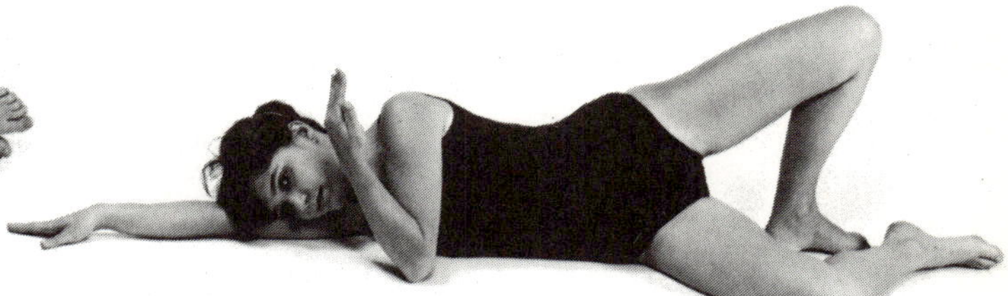

Um welche Achse und um welchen Körperabschnitt drehst Du Dich? Wie spielt Dein Atem mit? Diese Twistbewegung hättest Du wohl kaum am Anfang der Lektion ausführen können. Langpause in Rückenlage. Nachatmung: Spüre der Innenbewegung, der Muskelentspannung und dem Bodenkontakt nach.

9. Wiederhole die Übungen 1–8 in Seitenlage links mit rechtem Arm und rechtem Bein.

Bisher hast Du die Bewegungsaktivität der Peripherie, d.h. den Armen und Beinen, überlassen, bei den folgenden

Bewegungen wirst Du angeregt, die Bewegungskraft aus der Körpermitte zu schöpfen.

10. Ausgangsposition. Die linke Hand ist vor der Brust abgestützt. Hebe das obere angewinkelte Bein, so wie es ist, 5mal horizontal nach oben.

Achte darauf, daß Du das Knie nicht höher als den Fuß hebst und daß sich das obere Bein genau über dem unteren befindet. Kurzpause.

11. Versuche die gleiche Bewegung 3–5mal mit beiden Beinen.

Woher kommt die Kraft? Wo sind Deine Hauptstützpunkte? Stütze nicht nur die linke, sondern auch die rechte, gestreckte Hand mit der Handfläche auf den Boden. Wie hoch kannst Du die Beine heben, ohne daß es über Deine Kräfte geht? Pause in Seitenlage.

12. Ausgangsposition wie Übung 4. Hebe den Kopf, ohne seine Horizontallage zu verändern, 5mal nach oben. Der untere Arm bleibt angewinkelt am Boden, der obere geht passiv mit.

Laß Ellbogen und Gesicht ganz frontal gerichtet. Kurzpause.

13. Versuche die gleiche Bewegung 3–5mal mit beiden Armen; d.h., der Kopf ist zwischen den angewinkelten Armen wie in einem »Sandwich«.

Spürst Du die Kraft aus der Mitte? Achte darauf, daß sich Kopf und Arme nicht abdrehen. Wie atmest Du? Langpause in Rückenlage: Fiel Dir die Arm- oder die Beinbewegung leichter?

14. Wiederhole die Übungen 10–13 in Seitenlage links mit rechtem Arm und rechtem Bein zuerst.
15. Ausgangsposition. Drehe beide Knie, ohne die angewinkelte Haltung der Beine zu verändern, 3–5mal nach oben in Richtung Decke. In der Endposition stehen die Fußsohlen auf dem Boden. Führe die Bewegung weiter, indem Du nach Erreichen der Endposition die Knie gegen den Brustkorb ziehst. Mache das 5mal als eine durchgehende Bewegung ohne Aufenthalt, und führe die Beine jedesmal auf dem gleichen Weg wieder zurück.

Der Oberkörper bleibt dabei ganz passiv. Kurzpause.

16. Ausgangsposition wie Übung 4. Drehe beide angewinkelten Ellbogen gemeinsam 3–5mal nach oben, den Kopf natürlich mit, aber laß den Schultergürtel am Boden. In der Endposition sind Ellbogen und Gesicht zur Decke gerichtet. Führe die Bewegung weiter, indem Du aus der Endposition von vorhin 5mal Kopf und Ellbogen vom Boden abhebst und in Richtung Bauch führst.

Die Beine bleiben ganz passiv am Boden. Überfordere den Nacken nicht, sondern schöpfe die Kraft aus der Körpermitte. Langpause in Rückenlage.

17. Wiederhole die Übungen 15 und 16 in Seitenlage links spiegelbildlich.
18. Ausgangsposition: Aus der Seiten-

lage rechts mit angewinkelten Beinen drehst Du den Oberkörper um seine eigene Achse über rechts unten, so daß Stirn und Brust am Boden liegen. Die Arme streckst Du in Schulterhöhe rechts und links zur Seite, Handfläche nach unten. Aus dieser Position wendest Du 6–8mal das Gesicht nach rechts, so daß der Kopf nach und nach auf das linke Ohr zu liegen kommt.

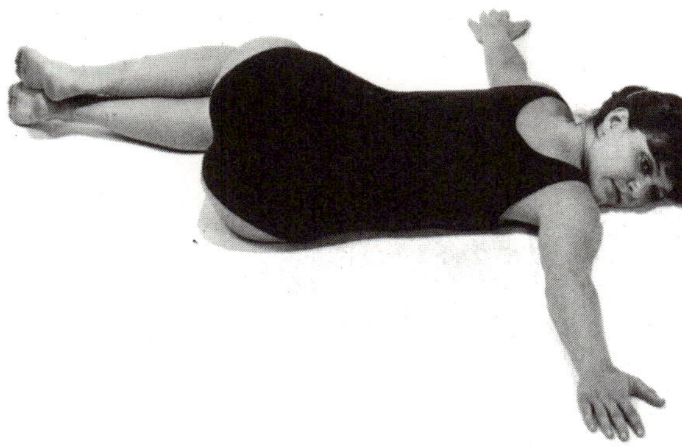

Stütze Dich auf die Handflächen und arbeite mit Gefühl. Kurzpause mit angenehm angewinkelten Armen und Gesicht nach links.

19. Ausgangsposition wie Übung 18. Stütze die Handflächen neben den Ohren auf den Boden, so daß die angewinkelten Ellbogen nach oben zeigen. Hebe zuerst die Stirn, dann Nacken, Schultern und Brustkorb, Wirbel für

Wirbel 5mal vom Boden ab. Das Becken, d.h. die Leisten, bleiben am Boden. Konzentriere Dich auf Geschmeidigkeit im Rücken. Halte die Endposition 5 Sekunden bei frei strömender Atmung. Pause in Rückenlage.
20. Wiederhole die Übungen 15 und 16 in Seitenlage links spiegelbildlich.

Langpause in Rückenlage mit Nachspüren der Körperinnenbewegung und meditativer Tiefenentspannung.

Lektion 24

Ausgangsposition: Bauchlage. Die Beine sind gestreckt und leicht gespreizt. Die Arme liegen, im Ellbogen angewinkelt, am Boden, Handflächen nach unten. Der Kopf ruht zwischen den Händen am Boden auf dem rechten Ohr.

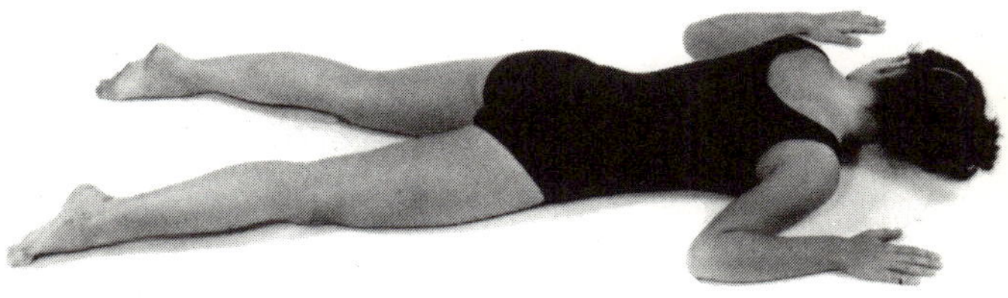

1. Laß zur Aufwärmung der Kniegelenke und der Beinmuskulatur die Unterschenkel in schnellem Wechsel hochschnellen, danach beide Unterschenkel gleichzeitig 10–15mal.

Erspüre die Beugefähigkeit der Knie, d.h., versuche die Entfernung zwischen Ferse und Gesäß zu ermessen. Pause mit Nachatmung.

2. Hebe den rechten Unterschenkel Richtung Decke, so daß das Knie rechtwinklig gebeugt ist. Achte darauf, daß Du bei den folgenden Bewegungen diesen rechten Winkel sowie die Spreizstellung der Beine beibehältst.
Führe jetzt 10–15mal den erhobenen Unterschenkel nach rechts außen zum Boden.

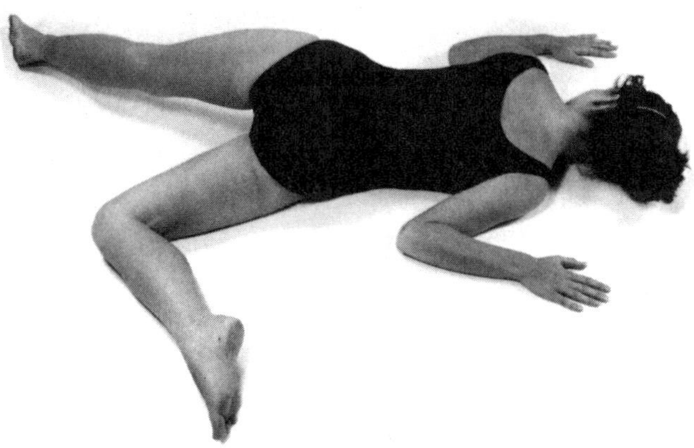

Konzentriere Dich auf diese Bewegung, und laß im Körper alles passiv geschehen, was diese Bewegung unterstützt. Halte aber unbedingt das linke Bein gestreckt, möglicherweise hebt es sich leicht vom Boden ab. Die Zehen bleiben aber am Boden. Was geschieht mit dem Becken und längs der Wirbelsäule? Halte die Endposition 5 Sekunden. Kurzpause in der Ausgangsposition. Da der Kopf während der Bewegung auf der Seite liegt, empfiehlt es sich, ihn während der Pause auf der Stirne ruhen zu lassen, damit sich die Nackenmuskulatur entspannt.

Drehe dann den Kopf aufs linke Ohr, und wiederhole die gleiche Bewegung 5–10mal.

In welcher Kopflage ging es leichter? Laß den Kopf-Nacken-Bereich ganz locker. Pause in Bauchlage.

3. Ausgangsposition. Der rechte Unterschenkel zeigt zur Decke. Bewege jetzt 8–12mal den Unterschenkel nach links innen zum Boden, und bleibe 5 Sekunden in der Endposition.

Was geschieht jetzt im Becken und in der Wirbelsäule? Kurzpause in der Ausgangsposition.

Drehe dann den Kopf auf das linke Ohr, und wiederhole die Bewegung 5–10mal.

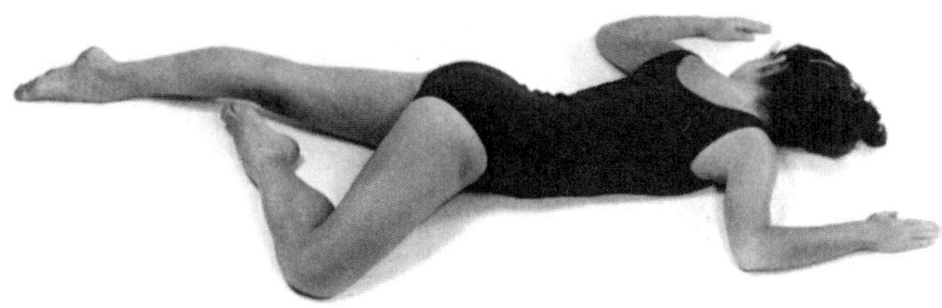

Langpause in Rückenlage: Spüre mit geschlossenen Augen den Veränderungen in Körper und Atmung nach, und vergleiche die beiden Körperseiten.

4. Ausgangsposition. Den Nacken hältst Du aber gerade, die Stirne am Boden, der rechte Unterschenkel zeigt zur Dekke. Bewege jetzt den Unterschenkel langsam, ohne Unterbrechung 5–8mal abwechselnd nach rechts und links. Wenn möglich liegt der Unterschenkel auf beiden Seiten ganz am Boden auf und beschreibt somit einen Winkel von 180°. Der Kopf dreht sich dabei gleichzeitig nach rechts und links, das Gesicht immer in Gegenrichtung zum Unterschenkel.

Laß die Bewegung in einem natürlichen Bewegungsfluß ablaufen. Spürst Du die Verbindung von oben und unten? Pause in Rückenlage. Spüre der Atmung und dem Körpergefühl nach.

5. Führe dann die Bewegungen 2–4 mit dem linken Bein aus.

Auf welcher Seite ging es leichter?

6. Nimm die Endposition von Übung 3 ein, jedoch mit dem Gesicht nach rechts. Führe nun das angewinkelte Bein 8–10mal ganz flach über das linke gestreckte Bein hinweg nach links, und laß den Fuß dann am Boden entlanggleiten. Verändere den Winkel im Knie nicht.

Pause in Bauchlage. Stirne auf den Händen.
7. Nimm die Endposition von Übung 2 ein. Bewege geduldig 8–15mal das angewinkelte Bein am Boden entlang weiter nach rechts, so daß die Oberschenkel weit gespreizt werden.

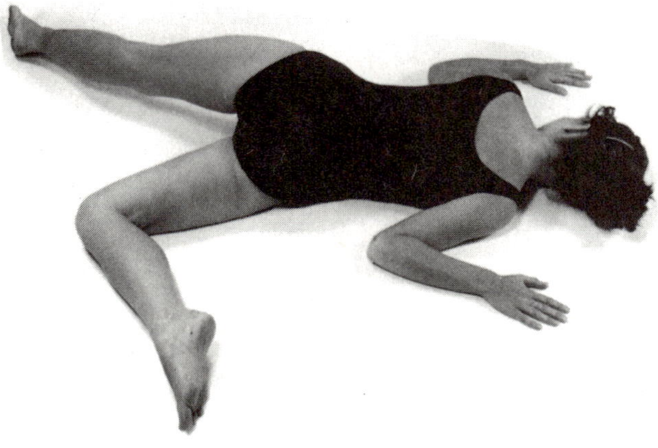

Langpause in Ruheposition nach Wahl: Vergleiche das Gefühl in den Körperseiten.

8. Führe die Übungen 6 und 7 mit dem linken Bein spiegelbildlich aus.

Achte auf die entsprechend umgekehrte Lage des Kopfes.

9. Nimm die Endposition von Übung 3 ein, jedoch mit dem Gesicht nach rechts. Schiebe den rechten angewinkelten Arm unter dem Kopf durch nach links, so daß das linke Ohr auf dem Unterarm liegt. Den linken Arm streckst Du parallel zum Körper nach unten, Handfläche nach oben. Ziehe jetzt mit der linken Hand 8mal nach unten, als ob Du dem gestreckten linken Bein entlanggleiten möchtest.

Die Stütze des rechten Unterarms am Boden hilft Dir dabei. Laß Schulter, Kopf und Brustkorb der Zugbewegung der linken Hand ohne Widerstand folgen. Spürst Du die Dehnung der rechten Rumpfseite? Kurzpause.

10. Wiederhole nun einige Male die Übung 6.

Kombiniere dann Übung 6 und 9, und ergreife mit der linken Hand den rechten Fuß am Rist. Versuche nun 5mal, Fuß und Hand zusammen vom Körper wegzustrecken, bis ein großer Spannungsbogen entsteht. Halte diese Endposition 5 Sekunden, und nimm die starken Atemimpulse wahr. (Das Bild zeigt die Übung spiegelbildlich!)

Wo spürst Du den Atem? Löse den Spannungsbogen langsam auf. Langpause in einer Dir angenehmen Ruheposition.

11. Nimm die Endposition von Übung 2

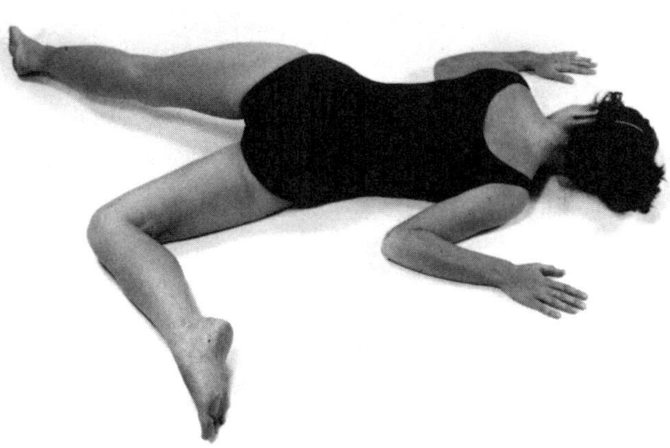

ein. Schiebe den linken angewinkelten Arm unter dem Kopf durch nach rechts, so daß das rechte Ohr auf dem Unterarm liegt. Den rechten Arm streckst Du parallel zum Körper nach unten, Handfläche nach oben. Ziehe jetzt mit der rechten Hand 8mal am Boden entlang nach unten, und laß wieder Schulter, Kopf und Brustkorb passiv mitgehen. Wenn sich Hand und Fuß treffen, fasse

mit der rechten Hand den Rist, und strecke Hand und Fuß 5mal gleichmäßig am Boden entlang vom Körper weg, bis ein großer Spannungsbogen entsteht. Halte diese Endposition 5 Sekunden.

Welcher Körperteil wird intensiv beatmet? Laß während des ganzen Bewegungsablaufes das linke Bein gestreckt. Löse den Spannungsbogen auf, und wähle eine Dir angenehme Ruheposition. Langpause: Nachspüren.

12. Wiederhole die Übungen 9–11 spiegelbildlich mit dem linken Bein.

Es empfiehlt sich, am Ende der Lektion einige Ausgleichs- und Lockerungsbewegungen für Rücken- und Nackenmuskulatur zu machen. Falls Schmerzen auftreten, können solche Übungen auch während der Lektion durchgeführt werden. Langpause in Rückenlage: Spüre dem Bodenkontakt, der Atemqualität und der Innenbewegung nach.

Lektion 25

Ausgangsposition: Stützseitlage rechts. Stütze den Oberkörper auf den rechten Unterarm, der frontal gerichtet, mit flacher Hand und gespreizten Fingern, am Boden liegt. Die rechte Hüfte und das rechte leicht angewinkelte Bein liegen am Boden. Das linke Bein ist aufgestellt, und zwar in der Mitte zwischen rechtem Fuß und rechter Gesäßhälfte. Die linke Hand stützt sich auf

das zur Decke gerichtete linke Knie. Die Vorderseite des Rumpfes und das Gesicht sind frontal gerichtet. Nimm eventuell eine weiche Unterlage für den aufgestützten Unterarm.

1. Kontrolliere zuerst einmal Deine Körperhaltung und korrigiere, wenn nötig. Den Rumpf hältst Du auf der ganzen Länge gerade. Achte darauf, daß er nicht einsackt, sich krümmt oder nach hinten ausweicht. Fixiere das linke Knie, damit es dem Druck der linken Hand Widerstand leisten kann. So sind kleine Streckbewegungen des Rumpfes möglich, die dem Rücken die nötige Spannung verleihen und den Brustkorb aufrichten. Kopf und Nacken sind aufrecht, und eine schräge Linie führt zu den Schultern hinunter. Halte den Kopf hoch, schau nach vorne, aber ziehe dabei die Schultern nicht zu den Ohren!

Gerade wenn Dir die Stützseitlage anfangs schwerfällt, mußt Du die Haltung während der Lektion immer wieder kontrollieren und korrigieren. Pause in Rückenlage.

Nimm die Stützseitlage links ein, und kontrolliere ebenfalls die Haltung.
2. Ausgangsposition rechts. Fasse mit der linken Hand die linke Fußsohle von innen her, und strecke das linke Bein 5–8mal nach oben, ohne nach vorne oder hinten auszuweichen. Wende den Blick während der Streckbewegung zum linken Fuß und bei der Beuge wieder frontal. Kurzpause.
Wiederhole die gleiche Übung in Stützseitlage links, mit rechtem Arm und rechtem Bein. Pause in Rückenlage.
3. Ausgangsposition rechts. Wiederhole die Übung 2 5mal, strecke dabei gleichzeitig das rechte Bein in Rumpfverlängerung so kräftig, daß es sich leicht vom Boden abhebt. Halte die kraftvolle Endposition 3–5 Sekunden. Kurzpause.

Wiederhole die Übung in Stützseitlage links. Langpause in Rückenlage.
4. Ausgangsposition rechts. Hebe den linken Unterschenkel über hinten hoch, und fasse mit der linken Hand von außen her den Rist. Hand und Fuß ziehen mit vereinten Kräften 5mal das Bein nach hinten, so daß der Unterschenkel möglichst hochkommt. Achte aber darauf, daß Fuß und Knie sich immer auf gleicher Höhe befinden! Während der Streckung wendest Du den Blick zum Fuß.

Der linke Arm ist während der Bewegung gestreckt. Der Kopf bleibt aufrecht, und nach jeder Bewegung wendet sich das Gesicht wieder nach vorne. Hast Du die Wirkung der Übung in Rücken und Brustkorb wahrgenommen? Kurzpause.

5. Wiederhole die Bewegung 3–5mal mit gleichzeitigem Strecken und Anheben des rechten Beines, analog zu Übung 3. Halte die Endposition 3–5 Sekunden.

Genieße den ausdrucksvollen Spannungsbogen, und laß den Atem frei strömen. Kurzpause.

6. Wiederhole die Übungen 4 und 5 in Stützseitlage links. Langpause in Rückenlage.

7. Ausgangsposition rechts. Ergreife mit der linken Hand den rechten Fuß unter der Fußsohle, und führe mit Hilfe der linken Hand Fuß und Gesicht 5mal zueinander.

Kehre nach jeder Bewegung in die Ausgangsposition zurück, und richte Dich auf. Überlaß die aktive Bewegungsführung der linken Hand. Wende keine Gewalt an, sondern schöpfe die Kraft aus der Mitte. Wann atmest Du ein und wann aus? Kurzpause.

8. Wiederhole die Bewegung 5mal, und strecke gleichzeitig das linke Bein zur Decke. Halte die Endposition 3–5 Sekunden, ohne den Atem zu stauen.

Auch wenn der Rumpf sich nach vorne beugt, findet der Atem seinen Weg in die Körperbasis. Spürst Du ihn dort? Pause in Rückenlage.

9. Wiederhole die Übungen 7 und 8 in Stützseitlage links. Langpause in Ruheposition nach Wahl.
10. Ausgangsposition rechts. Stell den linken Fuß vor das rechte Knie, und fasse ihn mit der linken Hand über dem Rist. Ziehe ihn langsam 8–10mal am

Boden entlang Richtung rechte Hand. Kurzpause.
Wiederhole die Übung in Stützseitlage links mit dem rechten Fuß. Pause.
11. Nur für Trainierte! Nimm die Endposition von Übung 10 ein. Aus dieser Position streckst Du das linke Bein rechtwinklig vom Körper weg, die linke Hand geht mit. Dadurch drehen sich der Rumpf und das rechte Bein um 90°. In der Endposition kniest Du auf dem linken Knie, der Rumpf befindet sich gradlinig darüber, und der Kopf ruht auf der linken Hand.

Wenn Dir diese Bewegung etwa 3mal ohne Anstrengung gelungen ist, versuche 5 Sekunden die Endposition zu halten.

Linker Arm und linkes Bein bleiben auch in der Endposition gestreckt. Achte darauf, daß das Körpergewicht gleichmäßig verteilt ist. Pause.

Wiederhole die Übung in Stützseitlage links mit rechtem Arm und rechtem Bein. Langpause in Rückenlage.

Lektion 26

Ausgangsposition: Rückenlage. Die Hände liegen seitwärts, vom Körper leicht abgespreizt, am Boden. Stelle das rechte Bein angewinkelt auf den Boden, das linke bleibt in Spreizlage gestreckt.

1. Hebe die rechte Hüfte 10mal vom Boden ab, die linke bleibt ruhig liegen, bis

das Becken in eine leichte Seitschaukelbewegung gerät und Du die Bewegungswelle dem Rücken entlang bis zum Nacken spürst.

Halte den rechten Fuß und das rechte Bein fixiert, damit das Knie nicht nach links ausweicht. Sei ganz locker bis in den Nacken, und achte darauf, ob auch der Kopf durch diese Beckenschaukel in Bewegung gerät. Kurzpause.

2. Ausgangsposition. Stelle auch das linke Bein angewinkelt auf, und laß es dann nach links außen zum Boden fallen. Schiebe den linken Unterschenkel unter dem rechten Bein durch in eine angenehme Mittellage. Wiederhole in dieser Position die Übung 1 8mal.

Spürst Du, wie das linke Bein zu Boden gedrückt wird und damit die Bewegung unterstützt? Pause in Rückenlage.

3. Ausgangsposition wie Übung 2. Schiebe das linke Bein 10mal in kleinen Schüben unter dem rechten Bein durch nach rechts. Kurzpause.
4. Ausgangsposition wie Übung 2. Lege die rechte Hand unter den Kopf, der Ellbogen liegt seitwärts am Boden. Ziehe nun 10mal mit der rechten Hand den Kopf am Boden entlang nach rechts, bis Du die Dehnung in der linken Körperseite von oben bis unten spürst.

Das Gesicht bleibt zur Decke gerichtet. Der Kopf folgt ganz passiv dem Zug der Hand; hebe und drehe ihn nicht. Kurzpause.

5. Führe die Übungen 3 und 4 8mal gleichzeitig aus. Halte 5 Sekunden die Endposition mit Konzentration auf die Atmung und den Spannungsbogen.

Löse die Position dann langsam auf. Langpause in Rückenlage. Vergleiche das Körpergefühl in der linken und der rechten Körperseite.

6. Wiederhole die Übungen 1–5 spiegelbildlich auf der anderen Seite.
7. Begib Dich in die Endposition von Übung 5. Nimm in dieser Lage die rechte Hand unter dem Kopf hervor, und

fasse mit ihr den linken Fuß über dem Rist. Hand und Fuß ziehen dann gleichmäßig 6–8mal das linke Bein weiter nach rechts. Verbleibe 5 Sekunden im maximal gedehnten Spannungsbogen, und nimm die regen Atem- und Energieströme wahr.

Laß während der Bewegung den Ellbogen durchgestreckt. Pause in Rückenlage.

8. Ausgangsposition: Endposition von Übung 7. Hebe das linke Bein 3–4mal angewinkelt hoch, und stelle es vor dem rechten Knie wieder ab, bis der Fuß spürbar auf der ganzen Sohle steht. Führe dann das angewinkelte linke Bein 5mal nach rechts zum Boden. Halte die Endposition 5 Sekunden.

Hast Du gespürt, daß die Bewegung aus dem Becken kommt?

9. Führe die Übung 8 weiter, in dem Du in der Endposition 8 die rechte Hand

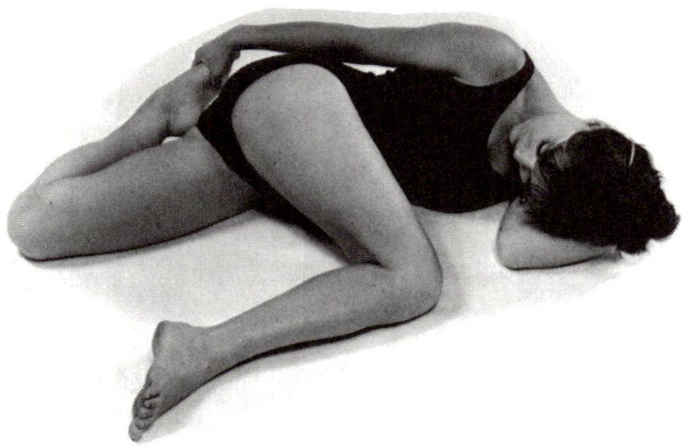

unter den Kopf legst und danach Kopf und linkes Knie 6mal aufeinander zubewegst. (Das Bild zeigt die Übung spiegelbildlich!)

Die Kopfbewegung wird im Grunde genommen nicht vom Kopf, sondern von der rechten Hand ausgeführt. Wie spielen sich Bewegung und Atemrhythmus aufeinander ein? Führe nach jeder Annäherung Kopf und Fuß wieder zurück in die Ausgangsposition. Die linke Hand und der rechte Fuß haben während der ganzen Bewegung Bodenkontakt. Wenn Dir diese Übung gefällt, kannst Du einige Sekunden ruhig atmend die Endposition genießen. Überschreite aber die Grenze Deiner Kräfte und Deines individuellen Könnens nicht. Pausiere lieber und versuche es ein späteres Mal. Langpause in Rückenlage: Erlebe die Nachatmung und den Bodenkontakt. Stellst Du Veränderungen im Körpergefühl fest?

10. Wiederhole die Übungen 7–9 spiegelbildlich auf der anderen Seite.

Entspanne Dich zum Abschluß der Lektion in einer Ruheposition nach Wahl.

VERZEICHNIS DER LEKTIONEN

Weitere preiswerte Bücher aus dem PAWLAK Verlag:

Die natürliche Hausapotheke
672 S. / 160 x 200 mm
lam. Pappband
ISBN 3-88199-824-1
Bewährte Mittel und Methoden der Selbstbehandlung. Alles, was man zur häuslichen Krankenpflege mit natürlichen Mitteln und über Naturkosmetik wissen muß.

Geheimnisse des menschlichen Gehirns / R. M. Restak
352 S. / 150 x 220 mm
lam. Pappband
ISBN 3-88199-783-0
Die Zusammenhänge von n Denken, Fühlen und Handeln. So werden Trauer, Wut, Liebe, Hoffnung, Gefühle und Träume verstanden, und man lernt besser damit umzugehen.

Die vollkommene Ehe / Van de Velde
288 S. / 145 x 220 mm
lam. Pappband
ISBN 3-88199-786-5
Ein Buch über die sexuelle Basis der Ehe als Vervollkommnung der Beziehung, wenn die Bedürfnisse der Partner offen dargelegt und verstanden werden.

Tantra als Lebensanschauung
Selbstverwirklichung und Seinserkenntnis durch das gesteigerte Erlebnis der köperlichen Liebe / Herbert V. Guenther
240 S. / 143 x 221 mm
lam. Pappband
ISBN 3-88199-912-4

Richtig leben nach den Sternen
600 S. / 130 x 200 mm
lam. Pappband
ISBN 3-88199-789-X
Astrologie und Horoskopie für Jedermann. Wer bin ich? Mit wem kann ich? Eine Anleitung zur eigenen Horoskoperstellung.

Sex
496 S. / 160 x 230 mm
lam. Pappband / über 200 Abb.
ISBN 3-88199-788-1
Das umfangreiche Buch über die Sexualität. Empfindsam und informativ geschrieben, dabei aber offen und direkt.

Liebesdüfte / V. A. Worwood
208 S. / 145 x 220 mm
lam. Pappband
ISBN 3-88199-787-3
Die Sinnlichkeit ätherischer Öle. Dieses Buch beschreibt die zauberhaften Mittel der Natur, mit denen man seinen Partner nach allen Regeln der Kunst verführt.

Die Kunst der erotischen Massage / Dr. A. Yorke
144 S. / 200 x 240 mm
fbg. mit SW / gb. mit SU
ISBN 3-88199-578-1
Anregende Fotos voller knisternder Erotik bringen frischen Wind in jede Partnerschaft.

Das große Traumbuch
Praktische Anleitung zur Trauminterpretation / Elise Sechrist
288 S. / 138 x 221 mm
lam. Pappband
ISBN 3-88199-917-5
Ein praktisches Nachschlagewerk der Traumdeutung auf hohem Niveau, wie es bisher gefehlt hat.

Die Kunst, sich richtig zu entspannen
Die Führung der eigenen Person stärkt die Seele
192 S.
lam. Pappband
ISBN 3-8075-0050-2
„Die Führung der eigenen Person stärkt die Seele“ – diese Erkenntnis macht die bewußt eingesetzte Entspannungstechnik gerade für Menschen, die engagiert im Berufsleben stehen, auch langfristig für die gesamte Lebensplanung zu einer unentbehrlichen Hilfe.